餐巾纸上的
创业课
（新版）
MBA没教你的那些事

[日]神田昌典/著　蔡昭仪/译

Seikousha No Kokuhaku by Masanori Kanda
Copyright © Masanori Kanda 2006
Simplified Chinese edition Copyright © Grand China Publishing House
All rights reserved.
Original Japanese edition published by KODANSHA LTD.
Publication rights for Simplified Chinese character edition arranged with KODANSHA LTD.
though KODANSHA BEIJING CULTURE LTD. Beijing, China

No part of this book may be used or reproduced in any manner whatever without written permission except in the case of brief quotations embodied in critical articles or reviews.

版贸核渝字(2009)第 114 号

图书在版编目(CIP)数据

餐巾纸上的创业课：新版 /（日）神田昌典著；蔡昭仪译. —重庆：重庆出版社，2013.12
ISBN 978-7-229-07264-3

Ⅰ.①餐…　Ⅱ.①神…　②蔡…　Ⅲ.①企业管理—通俗读物　Ⅳ.①F270-49

中国版本图书馆 CIP 数据核字(2013)第 294337 号

餐巾纸上的创业课（新版）

CANJINGZHI SHANG DE CHUANGYEKE(XINBAN)

[美] 神田昌典 著　　　蔡昭仪 译

出 版 人：罗小卫
策　　划：中资海派·重庆出版集团图书发行有限公司
执行策划：黄　河　桂　林
责任编辑：陈渝生
封面设计：重庆出版集团艺术设计有限公司·蒋忠智
版式设计：洪　菲

重庆出版集团　出版
重庆出版社

重庆长江二路 205 号　邮政编码：400016　http://www.cqph.com
重庆出版集团艺术设计有限公司制版
重庆市圣立印刷有限公司印刷
重庆出版集团图书发行有限公司发行
E-MAIL:fxchu@cqph.com　邮购电话：023-68809452
全国新华书店经销

开本：787mm×1092mm 1/16　印张：12.5　字数：157 千
2013 年 12 月第 1 版　2013 年 12 月第 1 版第 1 次印刷
ISBN 978-7-229-07264-3
定价：26.80 元

如有印装质量问题，请向本集团图书发行有限公司调换：023-68706683

本书中文简体字版通过 Grand China Publishing House(中资出版社) 授权重庆出版社在中国大陆地区出版并独家发行。未经出版者书面许可，本书的任何部分不得以任何方式抄袭、节录或翻印。

版权所有　　侵权必究

我要钱！我要住大房子！

这个任性的欲望，让我决定脱离朝九晚五的生活，自己创业。

我读遍了所有关于赚钱的书籍。我抱着半信半疑的心态，尝试书上的成功定律，结果真的成功了。

跑，跑，跑，我只是不停地跑。我的银行存款不断增加，也搬进了大房子，还买了梦寐以求的跑车。

当我意识到这些时，我已成为大家眼中的赚钱天才。

完美的结局。这是让谁都羡慕的成功故事。

可是，有些事情，在成功定律里却找不到。

因为在迈向成功的道路上，有许多暗藏的地雷！

作者手记

专家推荐

早川信夫
日本著名书评家
商业博客策划活动签约书评家
其作品荣获"博客村商业书排名第一"

创业书中的商战经典之作

正好是一个月前,工作结束后,晚上十二点左右回到家,从书柜中随手取出了这本书。

我抱着一种随便读一读的心情,哗啦哗啦地翻了几页,之后却完全被吸引了,一直处于一种兴奋状态,等我从书中醒过来时发现天已经快亮了。

随后的一个月之内,我又读了两回。每次都被重新吸引。

《餐巾纸上的创业课》这本书是我自读本田直之的《杠杆阅读术》,以及三枝匡的企业管理小说三部曲《V字回复经营》、《经营力量的危机》和《战略专业化》以来,又一次被深深吸引的一本书。

该书是将焦点放在《非常识成功法则》所述的八个习惯中的最后一个即第八个习惯——"了解成功背后的黑暗面",挖掘出伴随着企业成长而显现的光与影,并用小说的形式来讲述它的一本书,其内容包括以下几点:

生病

发生事故

家庭关系破裂

人际关系起波澜

遭遇欺诈

被心腹出卖

光愈亮影愈浓。

慢慢走向成功的过程中，影也将越来越浓，然后在最不堪一击的地方迸发出来。

这就是"成功的黑暗面"。

……

如果你将来有志于自己创业，那么我建议你一定要读读这本书，因为，这本书里概括了关于"创业"中的所有"法则"。

读的时候，请你把自己当做主人公。

……

讲述关于创业的技巧、知识与思考的书数不胜数，而这本归纳出"法则"的书才真正值得被称为"创业书中的商战经典之作"。

这是神田昌典的优秀著作中绝对值得推荐的一本书！

名人推荐——

魏武挥
新锐青年创业者
知名博客
中国 Web2.0 专家
资深新媒体观察者

创业，是一场"赌博"

创业，很像一场赢了之后结局极其美好的"赌博"。

创业者手上的赌本是这样的：

其一，资金。有钱才能赚钱，或多或少你手上必须有，创业者也是要吃饭的，而天下并没有免费的午餐。

其二，资源。一种极端的说法是，能用钱买来的资源都不是资源。资源最形象的表现形式就是人际关系。比如说，你认识了你打算创业的行业里的佼佼者，你的事业就会事半功倍。多认识一些媒体人士，他们即使不能帮你建个钱场（成为你的客户或投资者），也能捧你个人场。媒体上多一些你的正面报道，对你的事业很有好处。

其三，意志。今天创业，一个星期后就名扬天下的人不是没有，但绝对是个案。大多数创业者都要经历一段漫长的兴奋——郁闷——兴奋——郁闷的此起彼伏的日子，也会面对很多机会，但细细琢磨下来这些机会都只是水中月、镜中花。如何坚定自己钢铁般乃至不撞南墙不回头的意志，和个人秉性很有关系。

但现实中，不乏有些人三大赌本齐全甚至极其丰富，结果依然一败涂地。时乎？命耶？冥冥之中似乎真的有那么一股看不见的力量在决定着什么，于是，中国本土很多创业者除了喜欢看别人创业成功的故事来获得一些可复制的成功经验外，他们也很迷信风水。

有时候，我觉得，很多成功的因素和创业者的三大赌本多寡有很大的关系。比如说有的创业者刚刚写完一份商业计划书就拿到了不菲的投资，事业获得了良好的开端。他/她在BP（商业计划书）方面的经验是：短一点，五页PPT就ok。这个经历可能只适合他/她自己：比如已经和投资人有不错的私交，投资人也相当了解这个人和这个人所从事的创业。别人成功的地方可以拿来参照参照，但更重要的是，别人失败的地方绝对可以作为前车之鉴。

神田昌典，这位有"继大前研一之后，全日本最受推崇的企管顾问大师"，根据自己辅导上万企业的经历，写出这本万众瞩目的商战小说《餐巾纸上的创业课》，让我们一窥别人是如何面对失败的。

"我们必须熟知模式，才有跳脱模式发展自己的可能。要知道自己正走在埋有地雷的道路上，才能够在遇上时妥善处理……我接下来想要传达的，并不是如何避免踩到地雷。困难和危机其实是无法避免的，但我们仍然可以巧妙地渡过难关。"作者如是说。

事实上，人们通向成功的道路可谓五花八门，但错误和失败的性质却大同小异。我们甚至可以这么说，创业，就是一个不断克服失败，不断解决各种问题的过程。

不同的企业在发展过程中，都会有相同的问题爆发。其中最麻烦的一项就是：成长速度越快，家庭问题就越层出不穷。通读全书，我对如何预见危机和掌握家庭与事业之间的平衡这两点深有感触，这也是值得每一个想要创业的人思考的问题。

——朱正耀

浙江海港超市连锁有限公司董事长

浙江连锁经营协会副会长

嘉兴市人大代表

这本书写得真的非常好，打算创业的人一定要读读它。作者将问题归纳得浅显易懂，着实让我赞叹。正如书中所述，即使创业获得成功，如果因此家庭出现了变故，那这样的创业到底是为了什么呢。这本书让人深深地反省，有幸福的家庭，事业才有意义。

——贺　坪

杭州贺盈纺织品有限公司总裁

读者推荐

很好的一本书。看完后我情不自禁地笑了。

我也是一个风险经营商，回顾此前的人生，发现我所经历的事跟小说中的主人公的故事几乎完全相同。

小说中所述的任何一件事，我都实际经历过。

内容写得真的非常好，打算创业的人一定要读读这本书。

作者将问题归纳得浅显易懂，着实让我赞叹。

正如书中所述，即使创业获得成功，如果家庭因此出现了变故，那这样的创业到底是为了什么呢？

这本书让人深深地反省，有家庭，事业才有意义。

（也许是因为我经历过整个创业过程，所以才能懂，而那些现在正处于事业上升期的经营者们未必能懂。）

还有，该书语言相当地简练，而且结构安排得相当有趣，能不断地勾起读者的兴趣。我只用一个晚上，一口气就读完了。

该书与一般地讲述成功者的经历的书完全不同。

我真想赶快让我公司的管理者读一读。

能遇到这么一本好书，我真是心生感激。

——安　藤

目 录

专家推荐　创业书中的商战经典之作　4
名人推荐Ⅰ　创业，是一场"赌博"　6
名人推荐Ⅱ　8
读者推荐　9
序　　言　幸福的家庭造就成功的事业　12

第1章 "万事达"的成长曲线　21

被裁员是幸运的吗？
创业的第一关键是什么？
在成长曲线的哪一段加入市场最好？
为什么不能把偶然当偶然？

逼上梁山　22
餐巾纸上的蓝图　29
钱在"顺利"地减少　57
媒体的蝴蝶效应　62

第2章 事业向左，家庭向右　67

工作有问题时，家庭就和乐；家庭有问题时，工作反而顺利。
你相信吗？
孩子是家庭的调节器，那么什么是事业的调节器呢？
在享受幸福的同时你是否也感觉到了不幸？
如何让不幸化为幸福，让幸福延续永久？

"齿轮"开始转动　68
夫妻貌合神离，儿子命悬一线　77
巧推"国际秘书"　90
温旧梦，情越轨　93

第3章　温柔的陷阱　103

夫妻反目、资金不足、公司混乱……有什么回天之术？
Good & New，还有肯定之环与信条卡，真的管用吗？
育儿书里也有公司的管理良方？

十面埋伏　104
解锦囊，探妙计　128
豁然开朗　142
变生肘腋，九死一生　144

第4章　成功的背后　165

盟友背叛、数据失窃，如何化解这一危机？
创业者、执行者、管理者和协调者如何进行角色定位？
"母慈"、"父严"哪个更重要？公司管理也需要"母爱"？
阿拓大彻大悟了什么？

公司成长与桃太郎故事　166
悬崖勒马，夫妻重修好　179
魔法与梦想　183

后　记　185
高端访谈　190

序言

幸福的家庭造就成功的事业

只要怀抱一个伟大的梦想,努力地勇往直前,就一定会成功。我一直相信这样的成功定律,而这个定律也的确是正确的。最后,我的确有钱了,但结局却并不完美。有些事情,到现在仍令我锥心刺骨。

在迈向成功的道路上,有许多暗藏的地雷。当成功得以逐步实现时,前进的道路上就会有等值的困难与障碍正在等待着你。这些地雷不会在工作范围内爆炸。商战中赢得的东西,就在商战中失去——如果是这么简单的因果关系,那么还会找到应对的办法,只要自己愿意承担损失就可以了。不过,现实却没那么简单。地雷总埋藏在你意想不到的地方,那也许就是你生活中的某个领域。在此举出几个例子:

有一天,妻子在三岁儿子的腿上发现了无数个淤青。儿子被送到医院后医生要求紧急住院。医生说这叫"特发性血小板减少性紫斑症",孩子的血小板数目大量减少,即使只是跌个跤,也有可能引发脑部血管出血,甚至导致死亡。

女儿在四岁时发生过原因不明的腹痛,送医院检查后发现是肠套迭,必须紧急打入空气。医师还说有肠子破裂导致死亡的危险。

我回到家中,发现妻子不见了,只见信箱里放着离婚协议书。

公司有三名职员因为压力过大而陆续得了梅尼尔氏症(一种因内耳病变所导致的平衡功能失调),业务因此延宕,客户抱怨连连。

公司的企管顾问得了忧郁症,本以为他已康复,没想到他却突然自杀了。

每次遇到这种阻碍,我都安慰自己:只是时运不济。我以为发生在我身上的事不过是单纯的个案,只是一些特例。不过,很遗憾,它们并不是特例。

在成就伟业的过程中,这些阻碍都会毫不客气地出现,没有人能只带着成功全身而退。我说这些并不是为了提醒大家随时绷紧神经,而是为了提出实际会发生的事。我之所以能够确定这些阻碍都会发生,是因为我看见过太多的例子。那些在短短几年间快速成长的公司,其经营者都曾面临这些危机。

请容我自夸,我的确有看准商机、创造畅销商品的才华。我也曾经与1万多名经营者分享我的经验,帮助许多人在短短几年中创业成功,这一点让我相当自信。在对这些成功者进行咨询的过程中,我发现了一种模式:每家公司在业务成长阶段,都会有相同的问题爆发。其中最麻烦的一项,就是成长速度越快,家庭问题越是层出不穷。

　　我在美国学的是企业管理理论，拿到了 MBA 学位。经营与家庭问题之间的因果关系对我来说，其实有点难以置信。但是，根据超越商业理论的经验法则，有些现象不容我们忽视。你也许听说过这些例子：我很希望这些都是特例，不会发生在每个人身上。不过，以特例来说其概率也未免太高了。成功者背后一定也有不光鲜的一面，但媒体几乎不会去触碰这类话题。报纸杂志只会报道成功者在生意上春风得意的一面，塑造人们心目中的英雄形象。可是媒体一旦把焦点放在这些成功者的私生活上面时，英雄顿时就黯然无光了。

　　父子断绝关系、离婚、外遇、绯闻、家庭暴力、辍学、自闭、忧郁症……功能不健全的家庭比比皆是。八卦新闻炒得沸沸扬扬的少年犯罪问题，有许多就发生在社会地位较高的那些家庭。

　　成功会带来更多的问题，这个话题听起来可不怎么有趣。越是勇往直前的人，越会认为这不过是陈词滥调。只强调正面思考当然可以皆大欢喜。如果我掩盖事实，只写出好的一面，就像是用了令人舒爽的清凉剂，也会刺激这本书的销量吧！当事业光芒万丈时，人生中其他的问题便会层出不穷。成功者背后黑暗面的话题，是任何人都不想触碰的，而我却偏要在本书中踏足这个禁地。

　　我之所以写这个话题，是因为对应对黑暗面的方法有了某种程度的心得。也就是说，在业务成长过程中，我已经能够预测哪里埋有地雷，应该如何避免踩到，以及在什么时机应该采取怎样的措施。我已经从自己的失败中学到了如何预测危机、顺利渡过危机和在事业与家庭之间取得平衡的技巧。

　　后来我也发现，每家公司其实都会碰到相似的危机。当我了解了问题的类型以后，只消一点点信息，就可以推测这家公司接下来会发生什么事情，而这些问题又会在经营者或职员的家庭引起怎样的变化。让我举一个例子：

  某人成功到达顶峰时，却发生了重大事故，可能是生病，也可能是猝死；
  当某人受到众人瞩目、媒体争相报道时，家人却遭逢意外事故或生病；
  当某人以成功者的姿态出书时，公司的业绩却突然下滑了；
  众人眼中的经营之神也遭遇了家庭危机、夫妻分居，以及外遇问题；
  某人因投机而获得高额利润，却因意外事故或生病而英年早逝。

  前些天，我来到一家迅速发展中的创投公司与职员会面。这家公司大约有50名员工。他是要拿企划书给我看的。
  "我们公司的制度，是承办人直接向老板报告，所以决策相当迅速。如果和老板谈一个企划，应该可以马上通过。"
  这家公司的老板是业界翘楚，相当知名。好，在这里请问读者们一个问题：凭着上述信息，你能预测或洞悉这家公司将会发生什么事吗？
  "只有这么简单的一两句话，怎么可能知道什么事嘛！"
  许多人都会摸不着头脑，或许有人会想，这家公司就是所谓的"扁平化组织"，风气应该相当自由吧！
  我对那名职员说："如果你不介意的话，我觉得有些细节应该和你谈一谈。"
  "请说。"

15

"我想，贵公司应该有同仁表现得意兴阑珊，公司里的气氛也偏向将这名同仁辞退。不过，这并不是解雇员工就可以解决的问题。以前应该也有类似的同仁，可是将他开除以后，又出现了别的问题员工，对吧？"

他猛点头说："是啊，是啊！"

我继续说："这是经营性企业中很典型的模式，代表经营者的家庭并不美满。"

他露出相当惊讶的表情。

"你说的没错，他已经离过两次婚了。可是，你怎么连这种事情都知道呢？"

我并没有直接回答他，只是继续告诉他我察觉到的问题："所谓扁平化组织，就是老板必须拥有绝对的领导地位。管理部门完全听从老板的指示行事，没有实权。这么一来，如果以现在的速度继续成长，贵公司的组织在几年之内就可能会产生裂痕。对了，你应该不是在这家公司的创业时期就已经在那工作的吧？"

"没错，我是最近从别的公司跳槽过来的。"

"我以下说的只是一般而论，或许与你无关。不过，有这种制度的公司，从别的地方挖角过来的职员业绩越出色，大概就会越难在公司生存。如果有这种情形，首先要和周围的人统一步调，做一点妥协，工作才能顺利进行。"

就像这样，只需要一点点公司信息，就可以看出经营者的家庭状况、公司组织内暗藏的地雷何时爆发，甚至可以知道谁会是点燃导火线的人。我所作的推测，可以归纳成下列几点：

老板的要求永无止境，员工好像是来帮老板踩刹车似的，问题员工陆续出现；

业绩越好,组织的问题越大;

拥有绝对领导权力的老板一旦动力枯竭,公司就会动摇,且可以用企业的生命周期来预测危机发生的时间;

令人意外的是,制造公司混乱的竟是最受老板信赖的左右手;

公司的开朝元老都站在同一阵线,异议分子经常受到排挤;

老板的父亲非常严厉,而老板对父亲有诸多不满;

老板的家庭出现问题,特别是在孩子身上。

"为什么你连这样的细节都推测得到?"

因为我懂得企业成长剧本的发展模式。它的种类并不多,只不过企业虽然业态单纯,但由于舞台、演员不同,看起来让人有种很复杂的感觉。日本全国有 200 万家公司,一般人会以为这 200 万家公司都有自己独特的成长模式,其实顶多不过三四种罢了。

我知道一定会有人反驳:"别傻了,这怎么可能!"他们一定相信每家公司、每个家庭都有自己的故事。好吧,我再问各位读者一个问题:"以电影为例,截至目前,世上已有几十万部了吧!这几十万部电影故事,大家认为有几种发展模式呢?"

我们普遍认为每部电影的故事情节都不相同,但是,如果只观察剧本的走向,就会发现电影其实真的就只有几种模式。而且,有超过九成以上的人都依循着神话学者约瑟夫·坎贝尔(Joseph Campbell)所分析的神话发展模式——英雄成长故事。举凡《星球大战》、《泰坦尼克号》、《公主日记》、《千与千寻》等电影的故事发展模式都是一样的。换句话说,我们其实只是在重复观看这些模式,只不过因为换了舞台和演员,我们就不

17

觉得腻，还是愿意掏钱去看罢了。

就像看电影一样，经营者经常以为自己的方式独树一帜，其实和别的公司大同小异。问题就在于经营者若看不透这些模式，只能任其摆弄了。到头来，每家公司都会犯同样的错误，而且在问题浮出水面之前，他们并不会进行任何改善。到最后，连家人和员工都成了牺牲品，就像其他公司一样。

当然，我知道把所有的事情都模式化，容易走进一种套路，还要冒着丧失独创性的风险。不过，目前，我认为看不清模式而受其摆弄的风险，要比其他风险大上好几倍。我们必须熟知模式，才有跳脱模式发展自己的可能；要知道自己正走在埋有地雷的道路上，遇上时才能够妥善处理。

以地雷为例或许有些危言耸听，这本书的本意也不是要吓唬你，或是教你不要急于求成。虽然我的确因为踩到地雷而吃尽苦头，但现在回想起来，那些苦头正是让我日后产生更大动力的上佳礼物。如果当时我犹豫不决，不敢踩下去，现在就没有感谢奇迹、感谢丰富人生的每一天了。所以，我接下来想要传达的，并不是如何避免踩到地雷。困难和危机其实是无法避免的，但我们仍然可以巧妙地渡过难关。

当你渡过难关以后，眼前将出现超乎你想象的景色，这个新发现会激励想追求成功的人。然而，在成功的故事里，有人最后决定自我超脱，也有人仍禁锢其中。**我写这本书，并不是要教你避免受困于成功的枷锁，而是要指引你释放潜在的能量，给你面对困难、克服危机的信心。** 其实，**这本书真正的主题是如何在事业与家庭之间取得平衡，以及如何让公司稳定成长。** 我以小说的形式书写，可以使广泛的题材维持一贯性，让读者更容易理解。

它虽然是小说，却绝非杜撰。故事内容并未影射任何特定的人物或公司，而是以我自己的亲身经历，并参考其他许多真实故事写成的。在认识好几位成功经营者之后，我惊讶地发现了这些类似的模式，去芜存菁后，就写成了这个故事。因此，我相信商场经验越丰富的人，就越能体会到本书内容的确与现实世界紧紧相连。

如果你顺着故事的时间轴去思考，就可以预测到公司接下来可能会发生的问题，从而培养洞悉危机的能力。书中的主人公寻求解决对策的过程，也像推理小说一样引人入胜。我还特别将一些实战知识融入书中的人物对话，让读者可以自行运用于解决公司组织发生的问题，因此，本书的内容会比单纯的商战书实用许多。对于热心学习的读者来说，第一次可以看故事情节，第二次可以同时思考如何应用在自己的公司管理中。相信会有一举多得之效。

虽然故事的主角是一位白手起家的创投企业经营者，但我认为书中所探讨的弊端适用于各行各业。如果你身边有同事或友人正遭受困扰，不妨一边阅读此书，一边对照他们的状况，找出症结所在，或许能够助他们一臂之力。前言就暂且写到这里，让我们揭开序幕吧！故事从一个上班族的某一天开始。

第 1 章
Confessions of Self-made Millionaires

"万事达"的成长曲线

顾客的反馈是经商的根本。这个虽然简单，却是最有效的广告。不管你怎么宣传，自卖自夸和顾客的称赞，效果是完全不一样的。你自己宣传100次，都不如一个顾客的声音。

逼上梁山

　　当他回过神来，才发现自己在书店里面。已经好几年没趁午休到书店打发时间了。以前进书店，他总是习惯性地直接走到想买的书那一区，但现在脑子却是一片空白，连自己想找什么都不知道。或许，他根本就不想买书，只是想在茫茫人海中找一个可以独处的地方吧。青岛拓感觉自己好像快要消失似的，呆呆地望着眼前的书架。

　　世事难料。

　　今天公司下达把青岛拓转调到子公司的人事命令。他甚至没听说过"转调"这个字眼，一般都说"派赴"。转调和派赴，到底有什么不同？派赴的意思是将来还会调回总公司，薪水也由总公司支付。转调则意味着没有机会再回总公司了，同时意味着减薪。公司的目的，其实就是让转调的职员自动请辞，或是以业绩不佳的名义清算。（说穿了，转调就是变相的裁员嘛。）

　　阿拓认为转调就是烙上失败的印记，这表示公司判断他没有能力。（才三十三岁就要被裁员了吗？我这么努力，为什么得不到认同？）如果痛哭一场，应该可以让自己轻松一点。可是他已经没有感觉了，他的心已经麻木了。阿拓抑制住情绪，让自己停止思考，这样才能止住心里的伤口流血。

的确,他曾经听说公司业绩正在下滑。昨天在酒吧里,他还与同事讨论公司什么时候会开始裁员,谁将会被裁掉。

"公司的方针好像敲定啰!明天开始,可能会叫人单独面谈。"

"为什么要单独面谈?"

"一次性公布裁员名单可能会引起抗争,一发不可收拾,这样才可以分散不满声浪啊!"

希望被裁的人不是我!大家彼此心照不宣。

其实,这里面最忐忑不安的就数阿拓了。因为他的儿子刚出生三个月。(家有妻小却失业?这并不是我人生计划的一部分啊!)而且,阿拓是半年前才进这家公司的。(要是现在被裁掉,还能找到工作吗?)他脸上的镇定表情骤然消失,面部肌肉紧绷。他对于写履历表已经感到厌烦,更受够了面试的屈辱。

阿拓任职的数威股份有限公司,一直到几个月前,还因为业绩急速增长而受到媒体争相报道。公司创业短短五年就成功上市、具有领袖魅力的老板、以实力为依据评价员工,二十几岁就达到年薪2 000万日元的薪资制度等等,无一不成为热烈讨论的话题。

阿拓大学毕业后就进入一家颇具规模的制造企业,谨守本分地努力工作。他下了很大的决心才跳槽到这家创投公司。他也知道这件事令父母很失望。阿拓的父亲是一家银行的经理,他认为在什么公司工作、具有怎样的社会地位,就是判断一个人的标准。依他的标准,到外商公司或是创投企业工作都是一种赌博行为。

继续待在大公司,至少可以过得安安稳稳。但对阿拓来说,那种安稳感正是他想摆脱的。他不经意间看到坐在隔壁的五十几岁的上司:他眼神浑浊、脸色蜡黄、头发稀疏,还有一个满是肥油的大肚。(再干下去,我也会变成这样吗?)房子,这辈子是没指望了。就算硬着头皮买,充其量也只能在郊外买间小公寓,还得付30年的房贷。

（这跟奴隶有什么两样？"房奴"这个词形容得真贴切！我的人生绝不能就耗在这里。绝不！）他在心里不断地重复这句话。

与其选择能够预期的疲惫不堪的将来，阿拓宁愿冒着失去安定生活的风险，为自己开辟一条可以发挥实力的光明道路。他瞒着父母开始找工作。经过五家公司的面试后，进了数威公司。数威公司薪资采取年薪制，一年700万日元，比原先期望的待遇少了一点。不过公司表示，只要有实力，也有可能几年内就调到1 000万左右。

当他进入这家备受瞩目的公司时，身边的朋友都非常羡慕，甚至特别为他庆祝。当时阿拓也意气风发，心想接下来要好好面对挑战。可现在却……他的心情跌落谷底。就是这时，他无意识地走进书店。没什么特别目的，只是除此之外，他已没地方可去了。

阿拓正要走向平常偏爱的书架，好像被人叫住似的回头一看，一本书吸引住他的目光。书名看起来很诡异——《睡着成功》（The Power of Your Subconscious Mind，又译为《潜意识的奥妙和力量》），约瑟夫·墨菲（Joseph Murphy）[①]著。

（要是躺着睡觉就能成功，每个人都是大富翁了！）

换成从前，阿拓对这种书一定是嗤之以鼻，根本连翻都不会翻。可他现在彷徨无助，只想找个寄托。他看了看四周，悄悄从书架上取下这本书，随便翻了几页，注意到了显意识、前意识、潜意识、暗示等心理学专有名词。（看起来不像是什么不三不四的书。好吧，就拿来解解闷吧！）他说服自己买下这本书，可是又不想只买一本，于是又拿了大前研一的新书和一本名为《MBA最强攻略》的外版书，这才走向收银台结账。这时的阿拓压根儿没想到，这本书竟成为他人生中的一个转折点。

[①] 世界潜意识心理学权威，一位深受世人尊重的思想家和心理学家，《睡着成功》为其经典作品。——译者注

友纪子"哦……"了一声,就没有再说什么。当阿拓告诉妻子转调的事情时,妻子脸色一下子沉下来,不过马上又恢复原状,从表情看不出她心里在想什么。她一边听阿拓讲,一边给孩子喂奶。(她是对我失望透顶了?还是根本就搞不清楚状况?)阿拓耐不住沉默,干脆向妻子摊牌:"我不想接受转调、任人宰割。我想自己独立开公司。我再也不能忍受把履历表一改再改,还得去面试,让人质疑我的能力。"

友纪子没有回答。新一吃完奶后,友纪子便哄他睡觉。这段时间,阿拓静静地一张一张地看着桌上的家庭照片。(为了让这个家庭幸福美满,我不能再这样下去了。)阿拓心里这么想着,随手拿起一张照片放进皮夹。新一入睡后,友纪子边泡红茶边问:"那你打算开什么样的公司?"

"我还没决定……不过一定要是了不起的大事业。"

阿拓说"了不起"的表情,就好像小孩子在自夸一样,让友纪子的脸上恢复了笑容。

"如果是了不起的事业,那很好啊,就做做看吧!你不是很早以前就想自己开公司吗?只不过是提早一点而已嘛。"

友纪子的心里应该是担忧的。不过,状况越不乐观,她越会说振奋人心的话。从他们开始交往的时候她就是这样,这是她天性的一部分。

阿拓和友纪子是大学时代的朋友介绍认识的。第一次见到她时,套句比较俗的说法,他有一种被"电"到的感觉。(世界上真有这么可爱的女孩子。能娶到她的人,该有多幸福啊!)阿拓每次与她交谈,都觉得心灵相通、趣味相投,两人也都挺有幽默感。阿拓曾经对友纪子说:"我们之间有一条红线牵着。"

当时阿拓用开玩笑掩饰害羞，间接表达自己的感情。

"哦，是吗？"

友纪子的表情一下子变得认真，举起手来看了看说："我怎么看不到？"

她的反应让阿拓扑哧一声笑了出来。

"现在可能看不到，时间久了，就看得到啦。"他们彼此都笑了。

后来，两人就变得形影不离。结婚后，很快就有孩子了。孩子三个月前出生，他们成了爸爸和妈妈。新一出生的时候，阿拓心想这孩子不是凭空诞生的，在这之前，他一定就待在某个地方，只是我们看不见而已。因为，他怎么也回想不起新一出生前的日子了，那种感觉真是不可思议。

"你想开什么样的公司呢？"

对于妻子的疑问，阿拓这次很认真地回答："我想开企划制作公司，先从帮人家设计网页或程序开始。"

说真的，这到底能不能成功，他自己也很没底。向妻子说明计划的时候，也没有那种电流穿过脊背的兴奋感。他知道大方向应该没错，可脑子还是模模糊糊的。制作网页或程序，其实就是阿拓目前工作的延伸，这一点倒不需要担心。令人不安的是收入。孩子出生不久，阿拓和友纪子就搬进了大一点的公寓。虽然离车站有点远，不过家庭成员增加了，还是需要大一点的空间。搬家费用比预期高出很多，搬完家，钱也花得差不多了。原本以为银行存款还够用，现在就有点令人担心了。

"做网页的话，我不也帮得上忙吗？"

友纪子又说了一句让他振奋的话。她曾经从事过计算机讲师的工作。

"不过，我还得照顾新一，可以帮忙的时间就有限了。"

这就够了。姑且不论她能不能帮忙，对阿拓来说，妻子的安慰就是最大的支持。

"至于办公室，就先用那个两坪半①的房间吧！那里有衣橱，不过应该有空间放书桌才行。"

阿拓心里想的是西边那个用来堆放杂物的小房间。他现在的公司位于涩谷最先进的大楼里，要一下子从市中心的24层大楼搬进两坪半的小房间，若说心里没有落差那是骗人的。不过，创业艰难，租办公室只是徒增开销。可是，放了书桌，衣橱的门就打不开了，友纪子会不会觉得很困扰呢？但友纪子只是轻描淡写地说："好啊，我要打开衣橱的时候，你帮我挪开桌子就是了。"

"谢谢！你真的帮了我一个大忙。"

"话说回来，你怎么找客户呢？"

友纪子的随口一问让阿拓不知该怎么回答。他的确思考过，只是向别人解释的时候，却又担心会不会太过天真了。

"对哦，说到找客户……"

他刚开口，就被孩子的哭声打断了。新一出生以后，他们夫妻的生活就完全以孩子为中心了，想找时间好好聊聊都不容易。

"他应该马上就会安静下来了，你先睡吧！"

友纪子体贴地说。想必她对阿拓落寞的心情感同身受。阿拓躺在床上，想着他的事业必须要有更具体的计划才行。现在连开发客户这么要紧的事都没有头绪。

他从公文包中拿出今天买的那本墨菲博士的《睡着成功》。（既然运用潜意识就能成功，等一下就要睡了，就先看看吧！）翻开书之后，阿拓立刻就被其内容所吸引住了。

隔天，阿拓自己出去吃中餐。他喜欢一个人吃饭，可以专心看书。他点了意大利面，然后在餐点送来前的空当继续阅读。

---

① 坪，日本面积单位名，1坪合3.3057平方米。——译者注

"你的潜意识只接受你曾经看过、听过的,或是你想相信的事物,它是你经验的沉积。潜意识既不会思考,也不会和你争辩什么。它就像土壤一样,不管好的种子还是坏的种子都接受。然后有一天,种子便随着你的外在经验萌芽。"

读到这一段时,好像有什么牵动了阿拓的心。(负面的、具破坏性的思考,就在我潜意识里不断产生负面能量吗?对啊,这次我确实变成公司裁员的对象,因为我总是不安地认为自己有可能被裁掉,也经常挂在嘴上。难道是裁员这件事烙在我的潜意识里,所以才变成现实的吗?)阿拓惊讶地发现,原来是自己在伤害自己,同时也觉得心里涌起了一股动力。(裁员在这么短的时间内就变成事实,可见我潜意识很强啰!既然我的潜意识有这么强的力量,或许我真的可以在短期内成功!)

正当阿拓专心思考这件事时,突然有人叫他:"青岛兄,你手上那本书好看吗?"阿拓一抬头,认出那是以前公司的上司神崎宏,他现在独立开了一家会计事务所和企管顾问公司。他有系统地拓展业务,又因高质量的会计服务而颇受好评,一年之内就招揽到了100多家客户公司。刚满四十岁,据说年薪已经过亿了。

说到年薪,有人只是虚张声势,也有人是真材实料。阿拓本来以为那些在六本木Hills之类的市中心大楼工作、总是身穿名牌西装、能说流利英语的高级主管,才是高年薪的一群。直到遇到富豪榜上有名的神崎,他才知道那都只是自己的想法。那些穿着名牌西装的,年薪再高也不过2 000万日元上下。他们希望让别人觉得自己是高薪一族,所以才需要亮丽的名牌服饰作为伪装。

神崎就不同了,他总是一副逍遥自在的样子。蓝色衬衫配上白色长裤,可以感觉到他在着装上很花心思,但给人感觉很自然。年薪不高的人,有假装年薪很高的必要。而真正拥有高年薪的人,就必须让人以为自己年薪很低，因为他知道年薪一高就会带来种种麻烦。神崎怎么看也不像年薪很高的人，他的外表完全是普普通通的人。

"墨菲定律啊，我也读了不少相关的书呢。"

他看到阿拓手上的书后这么说。跟神崎读过同一本书，让阿拓感到很高兴。

"我昨天刚买的，看得欲罢不能。墨菲定律说不定真有其事呢！"

神崎的表情变得高深莫测。

"是真的啊。"

神崎压低声调继续说："有钱人都知道，不过并不会太张扬。"

阿拓原本以为这只是胡诌的一本书，却连神崎这种事业有成的人也认真看待，令他感到相当惊讶。

"青岛兄，我还有一点时间才赴约，有兴趣一块儿喝杯咖啡吗？"

这个邀约让阿拓相当心动。（这可是直接和亿万富翁对话的机会哦！反正下午的工作也没那么忙，应该可以挪点时间出来吧！）

阿拓考虑过后，便拨电话给公司，说会晚一个小时回去。挂上电话后，阿拓和神崎便在附近找了一家咖啡厅。咖啡厅里有许多穿戴名牌服饰的男女上班族。人声鼎沸中，与神崎的谈话彻底改变了阿拓的人生观。

餐巾纸上的蓝图

他们分别点了卡布奇诺和意式浓缩咖啡。在等服务生送来时，阿拓开门见山地说："公司下个月要把我调到子公司……其实就是裁员啦。我想趁这个机会，干脆自己出来创业算了。"阿拓觉得这件事就够大的，所以也期待神崎会有"那真是太糟了"之类的反应，可结果完全出乎他的意料。

神崎的语气像"今天天气不错嘛"那样地轻描淡写："转调哦，

那真是太好了。你很走运呢！"

阿拓听了有些恼火。他自认成了公司牺牲品，怎么能说幸运呢？

"转调是走运？此话怎讲？"

"哈哈，真不好意思。其实我在上一家公司也曾经快被裁员，当时我很生气，不过现在反而觉得很感谢呢！如果受到公司的肯定，我也不会考虑自行创业。**时代变化的脚步太快了，谁也挡不住。想在这种巨变的时代里生存，非得自己先改变不可。所以啊，年轻时先有被裁员的经历**，其实是很幸运的事。要是五十几岁才碰上裁员，那可就大大不妙了。被裁员这种事愈早发生愈好！"

阿拓没想到连神崎这么优秀的人，也有差一点被裁掉的经历。

"神崎兄，真是谢谢你，听你一席话，我好像又充满了干劲。"

"青岛兄，你今年多大了？"

"你叫我阿拓就好了，大家都这么叫我。我今年三十三了。"

"这是最适合创业的年纪。"

听到神崎这么说，阿拓觉得很开心，郁闷的心情顿时烟消云散。

"结婚了没？"

"结了，去年孩子也出生了。"

"那真是恭喜了！有照片吗？"

阿拓拿出皮夹里妻子和儿子的照片。神崎盯着阿拓递给他的照片，用不同于关爱的表情认真看了许久。阿拓很想问他照片里有什么问题，不过终究没有开口，因为他心里还有其他更重要的问题。

"神崎兄，我想请教你一个比较抽象的问题。该怎么创业才会成功呢？"

"嗯，这个嘛……"

神崎的眼神飘向右下方，像是在回顾他自己的过去。

"这样吧，我们来聊一聊我七年前创业的情况，怎么样？"

"当然好！"

神崎调整了一下呼吸，把视线移向左上角，思考了几秒之后，盯着阿拓，直接切入主题："以不动产为例，成功的关键第一是地点，第二是地点，第三还是地点。那你觉得做生意成功的关键是什么呢？"

"应该是顾客吧！只要顾客有需求，商品就会畅销啊。"

"嗯，你这算是课本上的标准答案。不过，也有很多商品即使有市场需求，却还是卖不出去吧？"

"也对，那什么才是关键呢？"

"我再问你，我前阵子看到一个电视节目，正在介绍中国的一个年轻富豪，大概四十岁，成天搭着飞机到处跑，买了一大片土地盖公司，还有城堡一样的豪宅。主持人问：'这位青年实业家到底是做什么生意呢？'阿拓，你觉得他是做什么生意呢？"

"应该是像比尔·盖茨或孙正义那种计算机相关产业吧？"

"哈哈哈！我当时也这么想，结果却答错了。他的公司是制造空调设备的。"

"空调？"

"你想想，现在在日本，制造空调设备能成为搭着飞机到处跑的大富豪吗？"

"应该不可能吧！"

"是啊，不可能，就算松下幸之助生在21世纪，他在这时做空调设备，也绝对不可能成为大富豪。不管换成哪个天才经营者，在当今日本，都不可能靠制造空调设备发大财。我想说的是，创业能否成功，和有没有经营头脑，其实没有必然的关系。"

"那成功的关键到底是什么？"

"时机。做生意成功的关键，第一是时机，第二是时机，第三还是时机。在什么时间点加入市场，才是制胜关键。只要在正确的时机加入，公司就可以顺利上轨道。业务一旦上了轨道，接下来的营业收入就会像搭手扶梯那样，自动攀升。

"不论读多少自我启发的书籍，拥有多高明的销售手腕，或是花多少的时间投入，如果不看准时机就加入市场，不仅前途坎坷，而且最后剩下的只有还不完的债务。相反，只要时机对了，不管经营者的能力多低，公司都能够快速地成长。

"你知道很多网络购物或手机经销公司都发行股票吧？那样的产业，就算经营者能力再强，都很难让公司成长到股票上市。可是，有部分看准时机的公司，却能在短期之内上市。结论就是：公司得以成长或是遭到淘汰，取决于加入市场的时机的好坏。"

阿拓虽然听得懂神崎的理论，却又有点不满他把问题过于简单化了。

"只要看准时机"这么简单的理论，怎么能让公司业务长期发展呢？阿拓小心措辞，尽量不让对方察觉其内心不舒服，"你的意思是，只要选择热卖商品就会成功吗？"

"不太一样！"

神崎拿起一张餐巾纸，摊开放在桌上，用笔画了一个图表。

"你知道成长曲线吧？"

"嗯。"

"MBA书上只有短短几页说明，不过这个成长曲线的知识可就博大精深了。成长曲线可说是包含了所有成功创业所需的知识，可以让你的人生发挥出十二分的潜力。你知道成长曲线可以分为四个时期吧？"

"就是导入期、成长期、成熟期和衰退期，对吗？我听说过，这就和人的成长一样，不管什么公司或事业，都是从幼儿期成长为青年，然后经过壮年期再迈入老年。"

"没错，那你觉得什么时候是加入市场的好时机？"

"一般的答案都是成长期吧！不过，我听说衰退期才是好时机。成长期的竞争太激烈，没什么利润可图，所以应该选择竞争比较少的成熟期或衰退期。"

"嗯，看来你也做了不少功课。这也是一种看法。不过，换作是我，我还是会选择成长期。成长期的获利大概占事业总收益的 80% ~ 85%，导入期和成熟期的收益各占 7.5% ~ 10%，加起来也不过 15% ~ 20%。

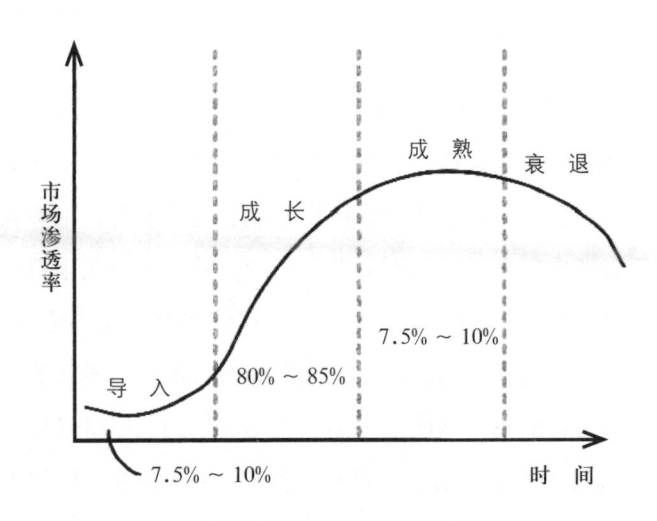

图 1.1　成长曲线图

"有些人建议不要在成长期加入市场，说得正确一点的话，指的是在竞争激烈的成长期后半段已经没有什么利润可图。就像报纸上报道某家公司的股票价格连续飙涨的时候，股价就已经太高，不适合再出手买的道理一样。不过，如果是在成长期的前半段，竞争对手少，股价也还没崩盘，还是能够掌握商机的。"

"可是，真的能赶上成长期前半段商机吗？这应该不容易吧？"

"只要有足够的知识和信息，就可以进行预测。还有，随时留意相关信息也是很重要的。日本经济高速增长的时候，随着整个经济体系的成长，稍微加把劲就可以有不错的获利。可现在不一样了，每一种行业都有各自的成长曲线，如果不能准确估计，就无法顺利推动业务。现在很多产业已经从成熟期进入衰退期，在这波几乎探底的不景气当中，创业者一定要志在攻坚才行。那么，我问你，什么是成功的最关键点？"

"看准投资的商品或事业。"

"没错，从石砾中找出钻石原石是很重要的。**普通的石头再怎么打磨，也不可能变成钻石。所以，就需要有分辨普通砂石和钻石的知识。**

"中介公司必须能够区分好卖和不好卖的房地产，专业股票投资人就得具备看准股票能否获利的眼光，这些道理都是一样的，所以经营者当然也得判断事业能否赚取利润。遗憾的是，很多人在创业之初不去考虑努力寻找钻石原石，只会拿眼前的石头来打磨。他们都很努力、坚持、乐观，会一直打磨到资金和体力用尽为止。"

阿拓听到这里，想到正在计划中的网页制作，不就是拿眼前现成的石头来打磨吗？这使他开始坐立不安，继而很自然地想安慰自己："若是本质不错的石材，再稍加打磨，应该也能有所作为吧？"

"这话虽然不错，但打磨石材却很耗费时间。况且，人可以消磨的精力有限，所以很多公司在努力结成果实之前，就已经先倒下了。

"如果有过一次操作成长期商品的经验，应该就可以体会了。成长期商品所吸引的顾客群与成熟期是完全不一样的。成熟期的商品必须靠卖方主动出击，但是成长期的商品却会让顾客不请自来。

"譬如我有一个客户，他也是自行创业，专门贩卖保健产品，比方说那种贴在脚底就可以消除疲劳的贴布。这种保健产品在开发新顾客时，平均在一个人身上要砸下 2 万日元左右的广告费。不过，因为这家公司的贴布后来热卖，变成花在新顾客的广告费可以压低到平均约 3 000。

"以这种水平来看，新顾客第一次购买就可以将广告费打平，剩下的就都是利润了。这样一来，顾客和利润会与广告量成正比。把利润再投资到广告上，又可以吸引其他顾客来购买。他们公司就是靠着这种良性循环，创业才短短一年，顾客名单就已经高达 2 万人。一般来说，以前的生意想达到这种水平大概要花上五年时间。可是操作这种已进入成长期的商品或事业，就可以在一年之内成长到与过去五年时间相当的顾客量。

"顾客人数越多，公司的营运越稳定。阿拓，你觉得这家卖保健产品的公司有了两万名顾客，他们的事业会怎么发展？"

"我想不出来。"

神崎将餐巾纸反过来，开始计算公司获利。

"如果不贪心的话，可以一辈子都不愁吃不愁穿了。假设一个客人两个月买一次这种脚底贴布。不可能两万人都买啦。以 20/80 法则来看，假设有 4 000 人购买，每次的购买金额算得保守一点，5 000 好了，一年买 6 次的话，一个人 3 万日元，一年的营业收入就有 1.2 亿日元了。保健产品的毛利大概是一半，就是 6 000 万日元。这家公司没有什么职员，所以利润几乎都进了老板的口袋。"

"不过，光是这样还不够。平常要和顾客搞好关系，下次推出新商品的时候，他们就会再次光顾，购买金额轻轻松松就会超过 1 万日元。这么一来，年营业收入就会变成 2.4 亿日元，占一半的毛利也超过 1 亿日元。况且，旧顾客还会介绍新顾客，开发新顾客的广告费成本就会越来越少。"

"年营业收入虽然不高，可是利润不少呢！"

"对啊，一些开销当然还是要的，不过也算是稳赚不赔的生意。这种年营业收入 2 亿～3 亿日元规模的事业在日本非常多，老板当然也希望继续扩大规模，而且这种类型的公司其内部组织不会太复杂，很多都是所谓的'幸福企业'。"

阿拓算了一下，比他现在的年收入多了一位数。从前看那些在大公司闪闪发亮的办公室里上班的人，总觉得很耀眼。可是看看他们的收入，就算上市公司的主管阶层也不过年薪2 000万～3 000万日元，富豪排行榜上却净是整形外科的院长、经销保健食品或内衣公司经营者，这些人每年的纳税额都高达5亿日元、甚至10亿日元。阿拓以前总是想不通，到底要怎么做才能赚到这么多钱。听了神崎一番话，他好像已经找到了解开谜底的钥匙。

神崎接着说："当然，做生意也不能只计算盈亏。光是赚钱这个理由，是没办法让你乐于工作的，一定要有能够唤起你的热情的因素。因为在创业阶段，必须一天24小时、一年365天时时刻刻考虑商品的事情。如果不是自己感兴趣的商品，就算赚再多钱，你还是不会快乐的。

"大部分人会在喜欢的事情和赚钱的事情之间摇摆不定，结果因犹豫不决而一事无成。赚钱和开心工作是可以两全其美的。投注热情在工作上是理所当然的事，事业的架构就是借此建立起来的。你必须要有能力顾及理想和事业。有热情的经营者，会很认真地看待商品，会从心底里喜爱它，并且衷心期待能够将它拓展到全世界。

"我刚创业时，最初的客户是一个农家，老板将采收的农作物做成不含添加物的腌渍酱菜，利用邮购的方式销售到全国各地。他们家很大，约有200坪。老板平常就穿着日式工作服，逍遥自在，还是地方上有名的士绅。他有个女儿正在上名牌大学。因为怕缴很多税，所以他把收入尽量控制在2 000万日元左右。

"我当时很惊讶，因为以过去的观念来看，觉得公司名气越大就越安定，收入也比较高，从来都不知道人生还有其他的选择。

"想在这个说变就变的时代追求安定，就不能依赖大公司。**所谓安定，是跟自己开创人生的能力成正比的。可是有许多人，只忙着奔走在别人铺好的轨道上，却渐渐失去了自己铺路的勇气。**"

阿拓继续追问，希望能够从神崎身上得到更多拓展业务的灵感："我想自己铺路，可是却不得其门。用钻石的原石来比喻成长期前半段的商品或事业，这个道理我懂，可是，当今日本几乎所有产业都呈现饱和状态了吧？"

"这是一般人的想法。其实，自己创造未来才是最快捷的预测未来的方式。"

神崎又另外画了一个图表。

"很多人以为成长曲线进入成熟期就结束了，其实，看不看得出成熟期之后的变化，决定了一个人是否有能力赚钱。"

"成熟期以后，不就进入衰退期了吗？"

"没错，什么都不做的话，当然会开始衰退。可是，在这里多动一点脑筋，结果就很不一样了。不管是商品或事业，所谓的成熟期，其实就是下一个时代的开端，那么下一个时代的开端，就是创新的最佳时期。

"以计算机发展为例，从主机计算机到办公室计算机、个人计算机，然后研发出笔记型、掌上型，这是在大的曲线上又有小的曲线。这些小曲线累积下来的结果，就形成计算机深深渗透我们日常生活的大变化。因此，我们就可以预测，到了成熟期后半段，可能又会出现新的机种，让其成长曲线一直延续下去。

"创造出主机计算机，并把它推向市场，或许要天才才办得到。但是将主机计算机缩小，进行加强性能等改善，创造出新的成长曲线……这些事只要动动脑筋，凡人也可以办得到。"

"你的意思是说，如果看不出成长期，也可以观察现有市场，看准成熟或是停滞的时机，再创造新的曲线就可以了吗？"

"没错。"

"可是，要怎样才能创造新的曲线呢？"

"根据统计，看准现有市场的灰色地带创业，就有相当高的成功概率，比方说资源回收的市场。你觉得现在的资源回收业处于什么时期？"

"应该是成长期,而且已经进入后半段了吧?这个行业可以说是过度竞争了。"

"你分析得没错,不过,会赚钱的人可不这么想。如果你仔细观察,他们的售价都是进价的二三十倍,还有哪一行的毛利比这更高呢?那些面积只有三四十坪的资源回收店的老板,可都是开奔驰呢!

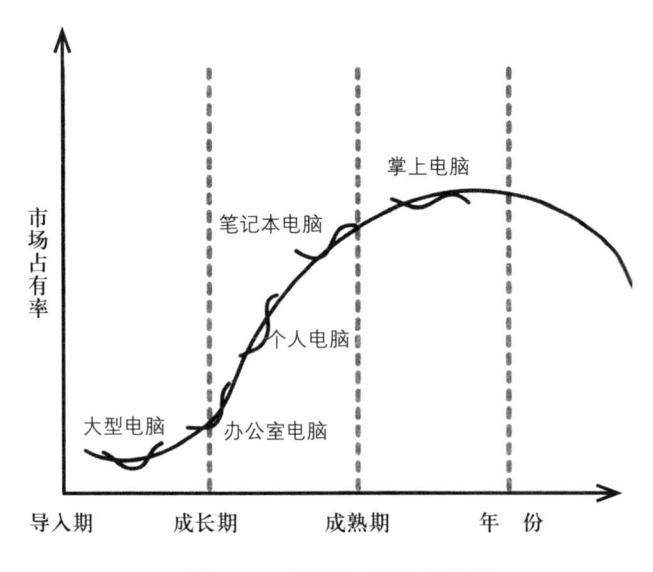

图 1.2 计算机发展曲线图

"综合资源回收行业可能处于过度竞争的现状,可是如果缩小商品范围,只做特定项目的话,还是很有希望的啊!实际上,现在已有锁定厨房或办公室用品的资源回收公司了,并且正在快速成长呢!

"我再举个例子:你看看人力派遣公司,综合人力派遣可能已经过度竞争了,可是如果只经营会计、程序设计师、治疗师、按摩师等特定人才的派遣,还是有很大发展空间的。"

"所以,就算是已经成熟的综合行业,只要找到值得专精的领域,也可以创造出新的成长曲线,对吗?"

"对,当然啦,不是只有专精某一项目才可以开拓市场,但它的确是一个强有力的切入点。"

"我刚才突然想到，如果说成长停滞就是下一个新成长曲线的开端，以日本来说，现在正是次世代逐渐抬头的时期啰？"

"没错。现在几乎所有的产业都已经成熟，表示大好时机就要来临了——对阿拓你这种拥有创造力的人来说。"

听神崎这么一说，阿拓不禁心头一震。因为，今天和神崎聊过之后，阿拓已经很清楚自己完全没有创造力。老实说，他太天真了。他原本以为靠着制作网页和程序，只要埋头努力就会有结果。可是，现在制作网页的市场已经再成熟不过了，他相当于随便捡块石头来打磨而已。（我该怎样创造新的成长曲线呢？）阿拓在脑海中不停地搜寻这个问题的答案。

看一看手表，不知不觉已经过了一个小时，再不回公司就不妙了。阿拓向神崎道谢，表示自己必须离开。

神崎以包容的笑脸回答："有问题随时来找我，我们一起商量。"

"真的可以打电话给你吗？"

"当然啊。我们曾经在同一家公司工作，看在同事的缘分上，你不用客气啦！"

"真是谢谢了！我会把你今天告诉我的事情当做参考，重新计划如何创业。"

其实，阿拓的脑子因为和神崎谈话接收到大量信息而陷入混乱。临别之际，神崎又说了一句耐人寻味的话，让阿拓的脑子更加混乱："如果想成功，就要留意偶然的事情。千万别把偶然当偶然。"（这到底是什么意思呢？）阿拓带着满腹疑问，一步步走回公司。

"你这次又想搞什么名堂？"

阿拓父亲的怒骂声传遍了家里的每个角落。他涨红着脸，嘴都气歪了。阿拓星期六晚上回到老家，告诉父亲他要创业的事。阿拓觉得自己都三十三岁了，父亲总不会干涉自己的人生吧？不过，他大错特错。父亲之前的沉默，根本就是暴风雨前的宁静。阿拓立刻用几分钟的时间，向父亲简单地说明他的计划。

"我想开一家企划制作公司，就是专门做网页和网络系统的。"

阿拓声音颤抖。他自己也很清楚这个计划其实完全不具说服力。

"然后呢？你认为做那个能有多少营业收入？"

"第一年希望能够做到 1 亿日元。"

父亲忘了生气，整个人都傻住了。

"你已经三十三岁了，还这么不知天高地厚。想赚 1 亿日元，你知道需要雇用多少人吗？"

父亲是银行分行的经理，他很清楚在这个时代要维持一家公司有多么困难。但是，阿拓却不以为然。

"不，我打算尽量不请人，自己打理。"

"岂有此理，公司是不可能一个人撑得起来的。"

"我当然不是要单打独斗，而是用外包的方式，以团队来经营。"

父亲仍然嗤之以鼻。

"笨蛋！你本来在公司做得好好的，偏偏要去什么创业投资公司，结果半年就被裁员？你这种人就算独立，能搞得出什么名堂？"

前些日子好不容易修复的父子关系，现在又开始瓦解，阿拓觉得很痛苦，好像旧伤口又裂开了，缓缓地流出血来。（原来，我们的父子关系从青少年时期就不曾改变。）他从未与父亲心平气和地谈过话。父亲总是一味强迫阿拓接受自己的想法，而阿拓也一直都为反抗而反抗。多年来,这个家就处在这种压制与反抗的拉锯战当中。（父亲是不会听我的意见的，说什么都没用了。）

不知从什么时候开始，阿拓为了自我保护，对父亲冻结起自己的心。与其和父亲对峙，还不如选择逃避、不见面，这样去维持家人之间的和平。当然，阿拓并非完全没有受到父亲价值观的影响。一直到几年前，他还认为应该像父亲所说的那样，找一家稳定的企业栖身，循序渐进，去享受幸福的人生。而妻子友纪子也是因为阿拓的这种观念，才安心嫁给他的。

但是，当兴银、长银、日债银这些在父亲的那个时代曾象征精英的信用银行成为历史时，日本竞争力的源泉，也就是所谓的终身雇用制也已经成了过去式。环境变了，阿拓想活得有尊严，就非得改变观念不可。阿拓希望父亲能够理解自己的想法。

在父亲的孩提时代，一家公司的寿命约有60年。但是到20世纪70年代，一家公司的寿命变成30年，现在又缩短成15年。看来到了2010年，会再缩短成10年吧！

按照彼得·德鲁克的说法，公司、企业的寿命居然比一个人一生工作的时间还短，这还是史上头一遭。

过去，一个人一辈子只需要一份工作。以印刷工人为例，他这辈子可以只靠一项技能维持生计。但是现在，即使身有一技之长，公司却先宣告寿终正寝。换句话说，在我们这个时代，人在一生中必须得有各个方面的能力。

在这种环境中，只有具备顺应时代潮流的应变能力才能带来安定。**这个时代不允许我们死守着现有招牌或地位，而要抛开那些旧包袱，柔软地变化，才能够创造出新价值**。阿拓希望父亲理解自己对这个时代的解读。但只要他一开口，父亲就马上不分青红皂白地反驳。虽然父亲心里也很明白这些道理，可是听在耳里，就好像是自己的生存哲学被否定了一样，说什么也没办法敞开心胸予以接受。

父子两人的经历差异实在太大，不管阿拓再怎么委婉地解释，始终没有交集。虽然他们自以为彼此说的是日语，其实却像是地球人和外星人在比手画脚地交谈。

"你是不可能成功的！"

父亲的语气，好像希望看到自己失败一样。母亲也和父亲一个鼻孔出气，叹口气说："真不知道你这孩子到底在想什么！"这一声叹息，让阿拓觉得再也没有必要解释什么了。

"随便你！"结果，又是与父亲不欢而散。每次都是这样。

这只是一场企图控制对方的争论。双方都对这一再重复上演的戏感到非常疲倦。把家人当避风港根本是一种空想，阿拓总是被家人刺得遍体鳞伤。家人只是相处在一起，心却离得很遥远。阿拓既没听过父母述说自己的成长历程，也从没问过他们的真心话。他既不知道父亲的梦想，也不懂父亲因什么而绝望。

今天怎么样？明天要做什么？几十年的岁月，就在这种虚拟故事的场面话中流逝。有时候父子终于有交集而真心对话，却也在几分钟内草草结束。而在抓住沟通的机会之前，父亲的头发已经稀疏了。

阿拓回到家，马上扑到床上。他觉得手脚像铅一样重，完全不能动弹。已经好一阵子没有这样和父亲起冲突了，这场口角带给阿拓肉体上的疲劳远远超过他的想象。（本来就因为人事调动的事沮丧得不得了，就算是亲人，也不用把话说得那么难听。）可以的话，真想就这样沉睡下去。可是因为心情起伏太大，脑子反而更清醒。原本只在心里的牢骚现在愈来愈大声了，满腔的怒火终于爆发了。（不能原谅，我绝对要让爸爸刮目相看！我一定要让他看到我成功！我要赚上亿的钱，我的生活绝对会超乎常人想象的自由、富裕。）

如何才能迈向成功呢？我需要的是钻石的原石吗？依我现在的状况，的确只是捡普通的砂石来打磨而已。阿拓起身拿了白纸和笔，把心里想的几个经商要点一一写了下来。

  要怎样才能确保每个月 30 万日元的生活开销？
  要卖什么、怎样促销才能搭上成长曲线？
  要怎样才能有效率地吸引顾客？

要怎样才能尽量节省人事开销？

什么样的架构才能让公司持续成长？

他还必须同时写下解决这些问题的企划书。阿拓写了再重写，把纸弄得皱巴巴的。他就像个作家，在书桌四周丢满了纸团。有时候甚至还试着倒立，看能不能激发什么灵感。他用模拟软件仿真计算了一下盈利情况。刚才写在纸上看起来似乎大有可为的企划，经过仔细计算，才发现根本没有利润可图。或者就算有利润，也不过拉平每个月 30 万日元的开销。

"这样不行啦！"阿拓猛抓头。

他一开始还兴致勃勃，可现在，希望渐渐变成绝望。越是面对现实，就越发失去自信。阿拓告诉自己要尽量向前看，但恐惧却挡住了他的去路。他不禁想象起未来各种灰暗的场景。尽管对父亲夸下海口，却根本撑不下去。就算有钱赚，一个月不过 30 万日元的话，还不如老老实实去上班。经营者既没有保险，也没有退休金，更别提带薪的休假了。

阿拓客观地想了想目前的状况，不得不承认自己太过天真，连个企划书也没有就妄想开公司。（明天再重新好好想一想，如果真的想不出可以赚很多钱的企划，星期一就只好答应调到子公司了。）阿拓对自己缺乏创造力相当失望。（创业真是需要天分的吗？）

隔天，星期天的下午两点。

"你可不可以帮我带新一去公园走走？我得去买菜呢！"

听友纪子这么说，阿拓才慢吞吞地起身。阿拓从早上开始就一直在想企划书，不过也只是坐在书桌前发呆而已。昨天晚上持续思考的结果使大脑陷入疲乏，同样的想法像旋转木马一样不停地打转。

第 1 章 「万事达」的成长曲线

43

最近因为阿拓周末也要上班，友纪子必须全天候照顾孩子。因为是第一胎，缺乏经验的友纪子压力很大。如果阿拓能帮忙带孩子去散散步也好，妻子多少也可以偷个空闲。（反正脑子里也一团乱麻了，散散步或许可以转变一下心情。）

阿拓伸伸懒腰，穿上球鞋。冷清清的公寓之间有一座公园，虽然不是很大，不过也适合孩子们玩耍。阿拓停住婴儿车，在公园长椅上坐下。他坐在向阳面，享受着久违的阳光。荡秋千的声音、树木的香味、孩子们天真的嬉闹声。置身在这幅光景中，人事调动好像也不是那么严重的问题了。想到有多少人因战争而死，区区的人事调动根本就是小儿科。就算调到子公司，在那边好好做的话，也能闯出一片天地吧？

接触到大自然，让阿拓的紧绷感渐渐放松了。有几分钟的时间，他昏昏沉沉的，进入了梦乡。这段日子一直困扰着他的痛苦渐渐消失，他觉得很安详。正当他半睡半醒的时候，突然被小孩子的哭声惊醒。他睁开眼睛，看见一个孩子在他眼前一米左右的地方跌倒了。

"妈咪！妈咪！"

好像是个外国小孩。阿拓走过去将孩子扶起来，一个像是他母亲的金发女子也同时走了过来。她一边斥责孩子不该自己跑远，一边向阿拓点头致谢。大家都是为人父母的人，对于亲子之情都心照不宣。在这种郊外的公园，倒是很少见到外国小孩。（真是偶然啊！）正当他这么想的时候，脑海中突然回响起神崎说过的话："**千万别把偶然当偶然！**"

阿拓认真地想了想。（这件事到底有什么含义？我可以从这个偶然当中学到什么呢？）就这样自问自答了一会儿，他突然好像看到了一线曙光。（等一下……啊，对！多国语网页，这点子不错吧！）阿拓想到的是制作外文网页或许有商机。现在几乎所有公司都有自己的网页，可是同时开设外文网页的公司却少之又少。

现在去找还没有架设网页的公司可能很辛苦，不过若是以外销产品为目的的网页，应该还有很多潜在客户。国内市场不景气，产品销售成绩都不理想；但是其他发展中的亚洲国家和欧美国家，应该对日本商品还兴趣很高。

制作网页这一行的成长曲线已经进入成熟期，但是锁定专门将日文网页翻译成外文网页的服务，或许就可以发展出新的成长曲线。

一般来说，制作网页得从设计开始谈起。可是只翻译成另外一种语言的话，就不需要花费那么多时间和人力。作业时间短，资金回收周期应该也不会太长。客户的最终目的是增加国外订单，因此可以顺便提供登录国外搜索引擎的服务。

一旦起了头，灵感就开始源源不断地涌出来。阿拓推着婴儿车，脑神经却像放烟火似的不断放射火花。他回到家后，兴奋地赶紧拿出一张白纸。（趁还没有忘记之前，我得赶快把刚才想到的点子写下来。）他觉得好像挖到金矿似的，头皮兴奋得发麻。几小时前的行尸走肉，突然摇身变成绿巨人浩克。

他不停地写，把脑海里浮现的灵感一一写到纸上。笔记纸渐渐被只有阿拓才看得懂的文字和图表填满。等他觉得写得差不多时，天色已暗下来了。随后，他又将刚才写下的笔记整理成容易说明的简报。创意有了数字辅助，变得更具说服力了。他再检查一下有没有遗漏，然后全部打好。此时已是凌晨两点了。阿拓手上握着企划书，觉得充满干劲。（明天先不答应公司人事调动的事。这个企划书，我要拿去问问神崎兄。）

人对时间长短的感受是非常主观的。一样的时间，如果拿来和喜欢的女孩子聊天，好像一下子就过去了。可如果是沉闷的会议，手表上的指针好像停滞不前。阿拓约到神崎，已经是三天后的事了。

当他听到神崎要出差三天才回来，感觉好像有三个月那么久。

阿拓的心情就好像高中生的第一次约会，每天翘首期待这一天的到来。在见面之前，他一直都很忐忑不安。神崎看了阿拓的企划书，表情变得很认真。专业人士一旦投入工作，连呼吸的节奏都会改变。那种短促的精确呼吸可以排除杂念，让自己凭直觉判断事情。神崎很自然地运用着这种技巧。阿拓光是观看神崎的工作态度，就觉得自己的成长又加速了不少。

神崎抬起头来。阿拓的全部精神集中在他的一举一动上。

"很有趣，这个企划书不错。虽然还有几个问题，不过应该都可以解决吧！"

"很有趣"——有了神崎这句话，阿拓觉得整个周末的努力都有了回报。不过，他并不想空欢喜。阿拓刻意不让自己看起来太得意，小心翼翼地问："你是凭哪一点判断这个生意有趣呢？"

"我看企划书的重点主要有三个：第一点是这个生意或商品在成长曲线上的定位如何；第二点是看是否比竞争对手占优势；第三点则是能否确保维持公司经营的毛利。不遵循这三个基本原则，不管你用多少心思，这个生意都不可能成功。"

"那你觉得这个多国语网页符合这三个条件吗？"

"关于第一点，成长曲线，看来你已经抓到了重点。代制网页虽然已经步入成熟期，可是专门做外文网页的服务应该还在导入期。本来，导入期得花上一笔开发商品的费用，还有吸引顾客的广告开销，利润会变得很少。可是你的产品只须在网络上促销，或是发新闻稿吸引媒体报道，就能够压低开销，所以第一点已经克服了。

"以第二点市场优势来看，目前应该还没有强大的竞争对手，所以也没问题。在这边要注意的是，当你的公司有了成绩后，别人要投入这个市场的门槛就降低了，竞争对手可能就会持续出现。不过，你现在担心这个也没用。最实在的防御策略，就是在其他公司投入前先取得领先地位。

"最麻烦的是第三点——确保充分的毛利。很多白手起家的人都是败在这一关。毛利对公司来说等于是燃料，如果没有充分的燃料，公司就没办法持续运作。

"很多人创业之初，都是比照大公司的毛利结构。大公司具有雄厚的资本实力，只要毛利占三四成，业务就可以运作。但是刚创业的人还没有建立起信用，银行融资的金额也有限，必须靠赚取的现金来维持公司的运作。所以一般来说，除了住宅这类高价商品外，至少要保有五六成的毛利。

"你这个企划书不需要发展什么复杂的体系，价格可以定得稍微高一点，这样就可以确保较高的毛利。"

"嗯，国外的人事费用和日本有些差距，翻译成中文和韩文的成本比较低，毛利应该不少。我手上有一些中、韩文译者的渠道。"

"那就好。创业失败的原因在于不考虑事业架构，只挑自己喜欢的事做。有些人就是单凭自己喜好，临时起意向父母或银行融资开店，真的是很大胆。

"首先要找到毛利率高的生意，等公司走上轨道以后，再慢慢加入毛利率低的业务就可以了。如果一开始就主打毛利率低的商品，公司很难有什么发展。"

"其他还需要注意什么吗？"

"哦，对了，还有一点很重要：你不要花太多时间在商品和毛利上。**创业最大的陷阱，就是成功之后过分投入工作。每当工作有所突破，就好像往脚上又套了一个大秤锤。等你发觉的时候，已经全身动弹不得，想跑也跑不动了。**

"当你成功以后，日常业务就会增加，会占去你开发新客户的时间。公司的营运要安定，靠的是数字。顾客的人数增加的话，就可以稳定营运。所以刚开始的时候，老板必须要用足够的时间去开发客户。你这个企划书，可以确保自己时间充裕吗？"

"刚开始可能没办法，不过业务运作一段时间以后，就只是固定将工作包出去而已，慢慢会腾出自己的时间来的。"

"那就好，看来你已经懂得先稳固根本的道理了。只要根本够稳，剩下的就看你怎么努力了。大部分的创业者都希望可以轻松赚钱，其实在创业开始后的第一年可没有什么周末假日，也不分昼夜。你有埋头工作的干劲吗？"

"嗯，这一点我已经有了心理准备。"

"那就好。"

阿拓注意到神崎说这句话时表情有些古怪，让他有点留意。为什么听到自己的肯定答案，神崎脸上会出现一丝阴霾呢？不过，那个表情稍纵即逝，阿拓心想或许是自己太敏感了。不管怎么说，神崎对这份企划书的评价让阿拓如释重负。

不过，神崎又紧接着问："企划是很有趣，那你下一步怎么做呢？想过怎么开发客户吗？"

（你要怎么找客户？）友纪子也问过相同的问题，他记得当时自己也穷于回答。

"一开始先看看人脉，然后就是登网络或报纸广告吧……"阿拓这么说着，心虚却不免溢于言表。他根本就没有发网络广告或报纸广告的经验。

"OK，看来你没有什么开发客户的经验。这也没关系，很多人都是这样的。在大公司上班，不太容易积累相关经验。几乎所有的创业者，都是在没有开发客户知识的情况下就开起公司来了，所以会走很多冤枉路。

"阿拓，你也不知道该在哪里登广告才能有效地吸引客户吧。很遗憾，MBA 课程也不会教你，尽管这是创业成功最重要的知识。"

"什么？MBA 课程不教人开发新客户吗？"

"对，完全没有。你猜哈佛商学院的营销课程占多少比例？两年下来，顶多一个小时而已。"

"这是为什么呢？"

"MBA 的全文是 Master of Business Administration，你知道 Administration 吧？就是管理，MBA 教的是经营管理的知识，不是 Creation，也就是说不是创造方面的知识。"

"那对要创业的人不就没有什么帮助？"

"当然还是有用的，只是公司刚成立的时候，没有客户就什么也别谈了。所以说，MBA 的知识是等公司稍有规模以后，家业变成企业时才派得上用场的。"

"我还以为 MBA 的学问对创业一定有帮助呢！那么，我该到哪里去学开发客户的方法呢？"

"我等一下介绍几本书给你，你先好好地读一读，然后实践书中所说的方法。营销看书就学得会，我们先谈谈书里没有教的、更基本的问题，你有兴趣听吗？"

"当然有，麻烦你赐教了。"

"独立创业最辛苦的时期，就是公司上轨道前这一段时间。在获得 100 名客户之前，你的意志最容易产生动摇。说真的，之后就会忙到没时间多想了。首先，你必须一再重复获得 100 名客户的手法，然后你又必须为了让这 100 名客户不断购买产品而奔波。不过所有的辛苦只持续到跳入泳池的前一刻，跳下去以后，就可以轻松地畅游了。"

"如果多找几家合作关系好的大宗客户，你觉得如何？"

"不管多大宗，顾客人数少，公司就不够稳定。和承包业务一样，顾客太少的话，公司就缺乏主导权，完全得看对方的脸色。这就好像一般的上班族，随时得看主管的意思行事。

"收入增减取决于一个很简单的定律，就是你能为多少客户提供服务。上班族只须听命于一个主管,所以年薪也有限。创业者一旦建立起可以服务许多人的体系,他的收入就会源源不断。"

阿拓以为先取得几家大宗客户才是让公司业务稳定的秘诀,听了神崎的建议,他才知道自己的方向有误,看来自己还在迷信大客户。神崎说得没错,与其取得少数几家大客户,还不如多开发一些小客户,可以分散风险,也具有稳定公司营运的效果。(可是,我要怎么做才能找到 100 名顾客呢?)

神崎看阿拓一脸担忧,继续说下去:"要取得 100 名顾客,最重要的就是开发好第一位顾客。

"只有第一位顾客,才能让你真正体会到创业带来的感动,这代表你的努力已经得到认同。这种感动是人脉无法带给你的。这是创业者一生只有一次的宝贵经验。我现在回想起当年那一刻,还像电影情节一样鲜明呢!"

阿拓第一次分享他人经商成功的喜悦,觉得很新鲜。赚钱是目的,但是赚到钱之前的过程也有美好的一面。阿拓兴奋地问神崎:"那我应该如何开发第一个顾客呢?"

"这个嘛,要多倾听顾客的反馈。"

"才开始找第一个顾客,怎么可能有顾客反馈呢?"

阿拓以为神崎在开玩笑,可是神崎的表情却非常认真。

"你可能以为我在戏弄你,不过,顾客的反馈真的很重要。对生意来说,现金就像血液,顾客的反馈就像呼吸。你要重视顾客的反馈,才能招揽到顾客。没有顾客,就先提供免费商品来吸引他们。一开始不一定非要有利润。"

"也对,请他们免费使用商品,问题就简单多了,就算没有营销经验也无所谓。"

"对。假设这位顾客很满意,你可以通过他的声音,向下一位顾客推荐商品,这样的难度会很高吗?"

"我是没有跑业务的经验,不过听起来好像不难办到。"

"就是这样。**顾客的反馈是经商的根本。这个虽然简单,却是最有效的广告。不管你怎么宣传,自卖自夸和顾客的称赞,效果是完全不一样的。你自己宣传 100 次,都不如一个顾客的声音。**刚开始与其花大钱印制商品目录,不如花大钱影印顾客寄来的感谢函,这样的效果要强得多了。"

阿拓虽然没有跑业务的经验,但搜集顾客的反馈信息却是再简单不过又切实可行的事情。

"我已经等不及要试试看了。为了得到顾客的反馈,我想先以 5 万日元的特惠价格招揽试用客户,你觉得这个点子如何?"

"为何不免费提供呢?"

"免费就赔钱啦!"

"专家和外行人的差别就在这儿。你觉得以 5 万日元招揽客户需要花多长时间?你没有跑业务的经验,总会尝试失败,还必须拟妥合约书。你就当做花一笔广告费,免费提供客户服务如何?"

"免费的话,擅不擅长推销就不重要了。只要问对方'有没有兴趣制作免费英文网页'就行了嘛!"

"以结论来看,提供免费服务的话,业务可以早一点开始起跑,而且花费还比较少。我刚开业时,曾经举办过一些讲座,不但免费,还承诺请吃中国菜,才有一些朋友肯到场,等于是利诱而来的。不过,这样我就有了演讲的实际经验。我再把这些讲座内容公开在网页上,不久之后,就有其他单位愿意花钱请我去演讲了。"

这种像是游击战似的经验,也只能从实践者身上才听得到。阿拓心想:这就是所谓的"活的生意"了吧?心里不禁充满了期待。

"阿拓,你手上有多少张名片?"

"大概 800 张。"

"那你应该认得其中的 20%,就是 160 个人吧?"

"对。"

"这里面总该有几个人，对免费试作英文网页有兴趣才对。"

"确定的应该有10家吧！如果免费的话，他们或许愿意试试看。"

"如果你好好帮这几家做，结果会怎么样？"

"他们应该会帮我写推荐文，或是介绍其他客户给我。"

"所以说啰，很多人会觉得免费接受服务不好意思，愿意主动回馈一点呢！"

阿拓觉得眼前的迷雾已散，他已下定决心，剩下的就是拼了。

"神崎兄，我觉得很有希望。真的很感谢你。不过……我可以请教一个问题吗？你为什么对我这么亲切呢？"

被阿拓这么一问，神崎的脸上又蒙上一层阴霾。

"可能因为我觉得你跟我很像吧！总之，你先做做看，开始开发客户之后，或许会碰上两次难关，不过你现在还不需要在意。总之，先动手做做看比较重要。"

阿拓意气风发地迈出一步——如果事情这么顺利就好了，但现实却没这么简单。到了他这个年纪，想做一件自己喜欢的事，非得先经过十件不情愿的事磨炼不可。首先就是要向主管表明辞职之意。说实在的，这个主管还真不好惹。大村彻也，职位是董事兼开发部经理，也是数威的开朝元老，听说以前在外商证券公司的系统部门待过。

阿拓跳槽到这家公司半年以来，一直都和大村格格不入。大村的确是个能干的主管，但对下属完全没有体恤之心，凡事只考虑讨老板欢心，无视工作进度表，就随便宣布根本无法完成开发工作的日期，强迫下属必须如期交件，大家都被逼得喘不过气来。"事在人为"是他的口头禅。阿拓总在心里嘟囔："又不是他在做，讲起来当然简单啦！"不过，就因为他蛮干，下一任的总经理似乎非他莫属了。

阿拓一表明辞职之意，大村就假惺惺地说："子公司那边，可是很希望你去帮忙哦！"

他嘴上这么说，却一点挽留的意思也没有，就好像是照本宣科一样。

当阿拓表示心意已决，他马上变脸："你这种人就是典型的失败者，根本不知道自己有几两重。没有业务经验就想独立，谈何容易？爱跟风、学人家创业的笨蛋太多了，真伤脑筋！你失败了可别闹自杀哦，我也不好受的！"

阿拓默默承受着大村的言词攻击。要是平常，阿拓早就被这种冷言冷语刺得遍体鳞伤了。可是现在，大村骂得越起劲，阿拓的心情越轻松。过去，他的整个心思都用在努力表现上，只求在公司出人头地。一旦他看破一切，才找回了自我本色。他心平气和，因为他已经找到原本该走的路。摆脱大村的穷追猛打后，阿拓也向同事们表达了辞职的心意。

当他说出辞职的决定时，竟然没几个人看好他的创业计划。倒是听到几个人窃窃私语：在公司待得好好的，何苦自己创业……在创投公司工作的人，不见得每个都有冒险精神。在公司上市后进来的员工，大部分都只求安定。事实上阿拓也不例外，所以他能体谅同事们的心情。这次要不是公司将他调职，他也不可能考虑创业。

同事当中还是有人对他的决定感兴趣，尤其是业务部的杉崎亮，还很好奇地问阿拓准备从事哪一行。听他的口气，似乎也有出来创业之意。阿亮今年三十五岁，比阿拓大两岁。他虽然个头小，不过身材精壮，眼神也很灵活，让人一看就有好感。

他听完阿拓的创业计划，一针见血地问："那你有什么推销业务的计划？"

"我想尽量利用网络。"

"依你的个性,你可能都已经规划好了,可是真的行得通吗?"

"不试试看也不知道啊,从错误中学习啰。"

"业务看的是人脉,想拿到大公司的订单,没有酒量是不行的。另外就是靠女人。企业顾问说,要想打动客户的心,简报最重要,我看他们根本就没有实战经验。做生意可没那么清高。阿拓,你知道吗?想在商展里拿到大公司的订单,就要安排自己摊位上的宣传女郎晚上去陪客户,然后上亿的订单就到手了。"

阿拓一向只在计算机上作业,对他来说,阿亮这一番话简直是五雷轰顶。

"这不是以前的作风吗?"

"什么以前,特殊场所还会以卡拉OK的名义开收据让你拿回去报账呢!这种事总不好明目张胆啊。不过话说回来,要是你的竞争对手也来这一套,那你怎么办?总不能满口道德坐视不管吧?总而言之,人际关系是很重要的!"

看得出阿亮对自己的实战经验很有信心。阿拓心想:阿亮的说法和神崎的系统管理完全相反。阿亮说得这么肯定,当然是因为他的业绩的确一流。他是所谓的运动型业务员,经常去打高尔夫球,晒出一身古铜色皮肤。他虽然已婚,可好像在公司里还有女朋友。

阿亮的自信,让阿拓对自己的计划开始感到不安。(我应该继续相信神崎吗?)神崎的经营方式极具理论性,如果成功还没话说,要是行不通的话,一毛钱也赚不到。

依照日本商场的习惯,不靠人脉的生意真的能成功吗?(说到底,不能光靠理论,也要考虑阿亮说的人性丑恶面吧?)阿拓心里产生了动摇。而阿亮接下来的话,更加重了阿拓的不安。

"不过,这次的人事调动很奇怪呢,名单上只有你一个啊!"

"什么?"

"在正式职员里,只有你一个人被调动啊,其他都是打工或是约聘的。"

"呃，是吗？"阿拓的脸色铁青。

"啊，不好意思，原来你不知道啊？而且，其实公司的业绩也没有传言说的那么糟。"

（我和打工的没什么两样？原来公司这么不需要我！）阿拓原本已经可以坦然面对这次公司的人事调动，但这件事又重重地打击了他。（为什么只有我？空拿高薪却没什么作为的人多的是啊！）阿拓愤怒到了极点，他觉得很悲哀，却又不想表现出自己的软弱。他挤出笑脸，故作轻松地说："这样啊，那这次人事调动，不就是专程为了让我创业而安排的吗？结果也不错啊，反而推了我一把呢！"

"我也计划在两年后创业。总之，我是站在你这边的啦！要是有什么业务上的问题，尽管打电话给我，我可以帮你介绍客户。"

"感激不尽，有你的支持，我心里踏实多了。"阿拓很高兴阿亮是支持他的，但是公司给他的不公平待遇却让他心情沉重。越想将它抛到脑后，偏偏越铭刻在心里。

一个月后，阿拓以300万日元的资金成立了一家有限公司。资金来源是他自己和友纪子的积蓄，公司取名为"万事达有限公司"。两坪半的工作室，加上一张桌子、一台计算机，公司就这样静静地开业了。

往来的公司只有一家，就是神崎的会计事务所。公司刚成立，请会计师当顾问其实还太早，但阿拓还是勉强签下契约。因为，神崎认为这个生意大有可为，也愿意直接提供咨询。神崎的秘书透露，这三年来事务所都没签新客户，看来神崎也是破例与阿拓合作。对阿拓来说，他刚创业还不知往左往右，有神崎这样的顾问真是相当幸运。

创业后不久，阿拓首先感到的就是孤独，仿佛与世隔绝一般。刚开始还要忙着整理工作室、申请电话、寄送卡片等等，过了一个礼拜就无事可做了。没有人打电话来，也没人可以分担他心中的不安。阿拓必须在这种孤独当中独自一人挑战从未涉足过的领域。

在招揽客户方面，阿拓采用了神崎的建议，着手寻找愿意免费试用的客户，就是为了搜集客户使用后的感想或反馈。他向过去曾经与自己交换过名片的对象介绍自己现在从事"免费制作英文网页"的业务，反响比预期要好。

在业务正式开跑前先招揽试用客户，对于稳定服务质量有很好的效果。而过程中也陆续发现承揽外包业务的公司、与业者的联络方式等，这些都是一开始没有想到的。如果没有经过试用的阶段，就唐突地正式开始的话，可能就会产生信用危机。

免费试用的方法很成功，甚至有客户在英文网站架设好之后就兴致勃勃地开始准备开发国外客户。还有客户不只需要英文网站，也希望可以架设中文及韩文网站。就像神崎所说的，免费不是坏事。还有两家公司表示愿意支付网页制作费用，算是祝贺阿拓开业的红包。结果，这个免费试用的策略，让阿拓赚到了第一个月的生活开销。（接下来开发客户的部分，阿亮和其他同事也说要帮我介绍。这么一来，应该是不怕饿肚子了。）

阿拓觉得充满干劲。

就在这时，友纪子拿着一本书走进工作室，像泼冷水似的说："爸爸说上次还有些事忘了讲，所以寄了本书来给你。"

"还有事忘了讲？他上次说得够毒了，都不考虑别人听了有什么感受吗？"他一边说，一边接下书。那是一本陈旧的商业书。阿拓对父亲推荐的书完全不感兴趣。他最不希望的就是连思考都被父亲控制。他翻了翻目录，看了几眼，就觉得是浪费时间，随手把它放到书架上。他看见书里夹着一封信，但是他不想再听父亲的任何责骂，所以也没将信打开。

钱在"顺利"地减少

等免费试用计划告一段落，就要开始正式招揽客户。他给杉崎亮打了通电话，两人已经三个月没有联络了。阿拓开门见山地问阿亮是否方便帮他介绍客户，结果阿亮顿了一下，才神秘兮兮地说："不好意思，我不能帮你介绍了。大村那边交代我们不准帮你牵线。阿拓，你是不是做了什么事？大村好像很恨你啊！"

阿拓完全没有料到会是这样的答案，一开始还听不懂。他努力回想起在数威的时候自己和大村之间的相处状况。（只有我遭到人事调动这件事呀，我也很难接受，可是我实在不记得做了什么，会让他这么恨我啊！）阿拓努力让自己保持冷静。

"我和他一直处不来是事实，可是也还没到怨恨的地步吧！硬要说的话，刚进公司的时候，我是有点强出头了，或许让他很不舒服。"

"嗯，你很优秀，所以一来就马上看出公司哪里不好，急着想改善。这在主管看来，就好像自己所做的一切都被否定了一样吧！"

阿亮说的没错，数威就像一般快速成长的公司，有些部分缺乏制度。阿拓原本服务于制度完善的大公司，来到数威以后，很快就发现一些很糟糕的状况，当时他还想：公司这个样子，竟然也能上市。进公司不久，他就向大村提交有关方面的报告，但是当时大村并没有任何回应。

阿亮接着说："大村好像还曾经检查你计算机里的数据呢！可能是要看你有没有危害公司的行为。"

阿拓的心又沉了一下。（开什么玩笑，人事调动也就算了，压根儿就不信任我嘛！数威这个名字取得好，完全只看数字，人也不过都是0和1的符号。）阿拓很庆幸自己早早离开这种公司。

57

他很难得地比对方先挂上了电话。既然没人可以帮忙介绍，就只能靠自己去招揽客户了。（算了，迟早都要靠自己的，只不过稍微提早了一点。）

阿拓开始在网页上招揽客户，首先是发行电子报，增加网页的到访人数。他以"你的商品可以销售到国外"、"成功者告诉你海外营销的秘诀"为标题发行了电子报。由于他所提供的信息都是实例，所以反响相当好，一个月内在网页上索取资料的公司就超过了100家。随后，他还介绍英文、中文、韩文的网页制作企划，鼓励客户签下合约。

阿拓估计，100家里面有一成签下合约的话，事业就算上了轨道。他算了算营业收入和利润，不禁暗自得意。他甚至认为：要是知道这么简单，早就应该创业了。

然而，事与愿违。资料寄出去已经超过一个月了，却只有两家公司签订合约，阿拓觉得很受挫。这样下去不行。300万日元的资金已经用掉100万日元，剩下的也只够生活三个多月。阿拓一一致电那些曾经索取过资料的公司，询问他们的意愿，但得到的答案大部分都是"还没看数据"、"现在不需要"、"没兴趣"等。从来没有营销经验的阿拓，这才知道开发新客户有多困难。

他努力地寻找客户，资金却一点一滴地在减少。问题到底出在哪里？阿拓拿出一张纸来。大部分订制外文网站的客户，在网站架设后一个月内就会收到国外公司的洽询。目前欧美渐渐看重日本文化，宣传得当的话，要开拓日本商品外销市场并不难。另外还有华语市场，或许是日本公司主动向华人圈发送信息，颇受好评，已有越来越多的人表示感兴趣。由于客户使用自己公司的外文网页后收到的效果都不错，阿拓也对自己公司提供的服务越来越有信心。

阿拓将数据内容修改得更浅显易懂，价格也略作调整，简化估价方式。该试的都试过了，仍然没有什么效果。一个月又过去了。

每次看到存款簿的余额，他都一阵心酸。只有钱在"顺利"地减少。

阿拓每晚都做些心惊胆战的梦。他梦到自己在飞行，但是身体几乎要擦到地面，后面还有黑衣人在追赶。他拼命让自己保持悬浮，以免碰撞到地面，但速度就是无法加快，摆脱不了追赶的人。

正当他焦急痛苦的时候，梦醒了。逃离噩梦是很简单的，但是他却不能不面对严峻的现实。阿拓不管清醒还是睡着，都是一个人单打独斗。这阵子他整天待在工作室里，没有人打电话来，他也没出门开发客户。在友纪子看来，丈夫真的不是在工作。阿拓回想起学生时代看过的一部恐怖片——杰克·尼克尔森（Jack Nicholson）主演的《闪灵》（The Shining）。故事描述一个关在书房里工作的丈夫渐渐发狂，最后杀了全家。（搞不好，我也已经发疯了。）

阿拓的日常生活在旁人眼中的确不寻常：他一会儿盯着计算机露出诡异的笑容，一会儿又把头埋进手臂，显得非常沮丧。（再这样下去，我真的会疯掉。明天打电话问神崎我该怎么办吧！）

一打通电话，阿拓就向神崎倾诉自己的苦恼："我几乎没拿到几张订单。我是开发了一些潜在客户，可是……"

神崎很冷静地回答："几乎没有是多少？零吗？"

"没有到零啦，可是也快了。"

"那就不是零啰。有百分之几？"

"只有两家签了约，不到2%。"

"有2%，这么多哦。"

"？"

阿拓觉得神崎没听懂他的烦恼，再度强调自己现在有多痛苦。

"100个人里面，只有两个人跟我买啊！"

"那你到底想要多少人？"

"多少？当然是越多越好啊！"

"越多越好，这种讲法很不切实际。如果这100个人都跟你买了，那你还要检讨是不是范围设得太窄。你应该把范围稍微放宽，创造出更多的潜在客户，也就表示签约数量还有成长的空间。具体来说，你希望签下多少张合约呢？"

当神崎要阿拓说出一个数字时，他才发现自己对这个生意并没有很具体的想法。他总是被不安驱使着，只想着赶快轻松下来。

"我想，还需要 20 个吧。"

"假设现在有 20 个人跟你签了约，这样收益是多少呢？"

"嗯……大概有 200 万日元吧。"

"你这次完全是用网络促销，几乎没花什么费用。也就是说，你不花任何成本，就想得到 200 万日元的营业收入。要是有这样的签约率，一年后你就可以在西麻布（高级住宅区）买房子了。"

"你是说我的期望太高了吗？现在的状况也不差吗？"

"至少还没到绝望的地步嘛。你已经有 2% 的签约率，已经看得到成功的嫩芽了。你做得很好，从网页和资料中也都看得出你很努力。不过，你有两个致命的缺点。"

"哪里？所谓致命的缺点是什么？"

阿拓赶紧坐直，看神崎怎么说。

"一个是 Repeat，另一个是 Speed。"

"什么意思？"

"首先是 Repeat，假设你要买车，你会怎么买？"

"我会先买杂志来参考，决定想要的车种，然后再去车行要简介来看吧。"

"从拿简介到决定购买，你需要花多少时间？"

"大概会考虑一个月。"

"一样的道理。虽然也要看商品种类，但那种不容许冲动购买的高价商品，至少都要花上 45 天～ 60 天的时间反复考虑。有些人甚至要想半年左右呢！"

"原来如此，从索取数据到决定购买，得花上一段时间。现在也才过一个月，我却急着判断结果。"

"对啊，大家都是在这个时候就开始乱了阵脚，赶紧打电话来向我哭诉，说没有客人，就像阿拓你今天这样。"

阿拓发现神崎不仅对自己的行动了如指掌，甚至连自己的心理状态他也一览无余。阿拓不禁苦笑。

神崎继续说："很多创业的人就是在这里宣告放弃，因为不会判断。就像蒙着眼的马拉松选手，因为看不到目标，认为自己赢不了而放弃一样。"

"所以，我还算进展不错啰？"

"嗯，就等着看吧。现在有 2% 的签约率，我预计会成长到 10%～11%。顺利的话，15%～20% 也是有可能的。"

阿拓不敢相信营业收入可以增长 5 倍～10 倍。

"我到底该怎么做呢？"

"你应该用 45 天～60 天的时间，最好是半年，来持续追踪索取过数据的客户。具体的做法，就是向他们报告成功的实例。比方说'和你同时期索取资料的公司，已经成功拓展海外市场了'这类的实例。这么一来，以 6 个月后来看，反馈率应该会有 70%～80%。"

"这个方法不错，我已经搜集了不少成功实例，可以马上进行。刚刚你还提到 Speed，那又是什么呢？"

"如果对方要求在网络上估价，几个小时内没有得到回复的话，签约率就会骤减。你必须迅速地给客户提供具体数据，否则很难成交。以网络购物为例，都会注明客户订货前要先看送货条件、购买规则等，然后是价格、详细的送货规定和退货条款，若客户接受了这些条件，才会按下订购键，对吧？"

"是啊。"

"这里如果没有提供充分的信息，签约率也会降低，你知道为什么吗？"

"如果是我的话，我可能会再去找其他条件更好、价格更便宜的卖家。简单地说，就是客户很容易流失，跑到竞争对手那边去。"

"没错，只有一次性提供全部信息，客户才会贪求方便而懒得看别家了。"

"那我就用自动回复系统迅速传送估价单，同时也一起发送说明支付方法的邮件，这样就可以了吗？"

"或者是把收费标准、制作网页步骤浅显易懂地秀在网页上，我想反应率应该会增加到10% ~ 11%吧！"

神崎的自信仿佛可以透过电话线传送过来。短短几分钟的通话，就让阿拓脑子里的满天乌云完全散去。阿拓挂上电话后，打起精神，决定再试试看。

媒体的蝴蝶效应

之后，阿拓不眠不休地想出一套办法来追踪索取过数据的客户。当他开始定期寄送成功实例报告之后，要求估价的客户又增加了一倍。客户要求估价，阿拓最迟隔天就回复对方。如此一来，顾客的反馈改善了，决定签约的时间也缩短了。一个月下来，签约的客户增加了一倍。

阿拓很庆幸客户能肯定他的改进，只是拿到的合约依然很少。虽说增加了一倍，其实也不过是四件而已。更糟的是，连电子报的效果也开始下滑，网页到访的人数越来越少。到了月底，存款簿的余额已经剩下不到50万日元了。这样下去，下个月过完就要见底了。况且，就算接到订单，收入也和以前的差不多。阿拓发现创业以后，收入看起来不少，但实际生活还不如在公司上班时宽裕，看起来也不如那样有发展的空间——他觉得泄气极了。

他已经尽了力，该作出决断了。阿拓对友纪子坦白地说："以现在的状况，我连房租都快付不出来了。我再拼一个月试试看，要是还没有结果，我就再去找工作。最近好像可以去人力公司应聘外派程序设计师……还有，这间房子租金太贵，我们可能得搬到便宜一点的公寓去。"阿拓的声音微颤，他觉得自己很没用。

友纪子没有回答。老实说，孩子还这么小，她根本不想搬家，可是又没办法，总不能在这个时候朝阿拓的伤口撒盐。除了沉默，又能如何呢？

阿拓下定决心以后，又坐下来重新检视计划。（第一件事就是增加洽询人数，但又不能再花钱。我得想一个不花钱的办法宣传公司的服务项目才行。）他想来想去，决定找媒体试试看。如果媒体愿意报道的话，不用花钱就可以建立口碑，也能吸引客户上门洽询。他挑选了几家报纸和商业杂志，询问他们有没有兴趣报道"越来越多的中小企业成功利用网络将商品营销海外"这个题材。

很幸运，不久之后，就有一家经济报表达了采访的意愿。阿拓心想：这或许是最后的机会了。为了这次采访，他花了三天时间做准备。他整理好客户的案例，做成简报数据。采访当天，他和记者谈了两个小时，对方也拍了不少照片。看来那位记者很满意这次访谈，也答应把公司的联络方式加进报道当中。阿拓翘首以盼。报道登出当天，他一大早就起床，听到送报的声音就马上跑去拿。

可是，不管他怎么翻，就是找不到那篇报道。（奇怪，那记者明明说是今天啊？）他又逐页细细找了一次，好不容易才发现那篇报道——篇幅小得可怜。（这算什么？花了那么长时间采访……）阿拓大失所望。（谁会注意这么小的篇幅？）报道登出后的一个星期，阿拓一直等待有人看了报纸后会上门咨询。结果真是让人失望，只有区区三件，而且其中两件还是广告公司的推销信。万事休矣，该做的都做了。（如果还有资金的话，或许还能再撑一段时间。现在只能找临时派遣的打工机会，周末的时候再慢慢进行了。）

　　下定决心后，阿拓反而觉得心情轻松了许多。（在这么短的时间，我已经尽了全力，也算是段不错的经历。）创业半年来，他废寝忘食，奋力疾驰。阿拓觉得自己付出够多的了，然后关掉计算机。他突然想起好久没喝一杯了，就出门去便利店买啤酒。以前还是上班族的时候，他几乎每晚都会小酌，独立以后却连喝一杯的工夫都没有。

　　阿拓走在夜空下，看着高高悬挂的月亮发出神圣的光芒。今晚是满月。阿拓停下脚步，开始欣赏美丽的月色。从孩提时代起，已经很久没有这样为月亮的美丽驻足了。看着月亮，阿拓突然心生一股感激之情。（感谢你一直守护着我，谢谢！）阿拓发出声音道谢。就在这个时候，泪水从他的脸颊滑落。阿拓也不知道自己为什么会流泪，只是忘了擦去脸上的泪水，静静地仰望美丽的月亮。

　　他买完东西回到家，打开啤酒，咕噜咕噜地一饮而尽。忽然，他瞥见电话录音机的留言提示灯正在闪烁。于是，他按下拨音键。录音机传出一个陌生的声音："你好，敝姓松下，我是《日本经济周刊》的记者，前几天在报纸上看到贵公司的报道。我们预定在8月31日做一个特辑，报道海外营销成功的中小企业。不知是否能够采访贵公司？如果你方便的话，请与我联络。"

　　阿拓简直不敢相信自己的耳朵，《日本经济周刊》可是业界最权威的杂志。他赶紧回电："我是'万事达'的青岛拓，贵社的松下先生好像曾经拨过电话给我……"

　　"哦，我就是松下。真不好意思，劳烦你打电话过来。这次我们打算做一个特辑，报道中小企业进军海外市场的情况，所以想采访贵公司……"

　　"你们想给读者提供什么样的信息呢？"

　　"目前国内市场不景气，所以我们想介绍一些在国外营销策略成功的中小企业，尤其是针对过去从来不曾考虑过外销的公司，希望能够提供给他们一些网络上的成功案例。"

这不正是阿拓公司所提供的服务吗？他爽快地答应接受采访。听说还是一个大特辑，阿拓高兴得不得了，一直倒带反复听刚才的留言。他还把友纪子叫来，又播放一次给她听。他抱着妻子跳起来，牵着她的手转圈圈。阿拓在心里大喊：谢谢你守护我！谢谢你！

一个月后，银行存款终于只剩不到30万日元了。不过，窘况也到此为止。周刊的报道刊出后，银行存款的走势便开始逆转。《日本经济周刊》以相当大的篇幅报道阿拓的公司，也介绍了好几家阿拓的客户，一共有12页，换算起来大约是2 000多万日元的广告价值。

咨询邮件突然暴增，连续好几天加起来超过100封。在网页方面，也因为采纳神崎上次的建议，设计了立即回复的功能，有人就直接在网页上下订单了。因为一下子涌进太多订单，阿拓便将价格调涨两倍。可是即使涨价，也不影响订单的增加。公司开始忙得不可开交。连续好一阵子，阿拓每天都只有三个小时的睡眠时间。

奇妙的是，阿拓却觉得不比上班疲倦。因为少了通勤时间，他每天都可以和家人一起用餐，还可以给孩子洗澡。刚开始，他以为有孩子在可能无法专心工作，现在却发现累的时候陪孩子玩玩，反而可以使心情变好。每天都有进账，每个礼拜都有钱汇进账户，而且是上班时得花上一年才可能存到的金额。每次到银行去登账，阿拓都心存感激。存折补登机印刷的声音，听起来像是美妙的音乐。

阿拓很开心，友纪子也很开心。阿拓觉得自己已经开始创造商机，事业开始走上正轨了。半年下来，果真如神崎当初所料，签约率增长到12%，媒体报道所带动的洽询率也达25%。有了这样的数据，公司的营运已经像公式一样可以预测。他再也不必担心生活费或是其他费用开天窗了。

阿拓公司赢得了顾客和往来公司的信赖。生活变得忙碌，他感到前所未有的充实。他第一次对自己有了信心，可以自己迈步前行，

65

不需依赖任何人。(就算发生战争,就算有大地震,我也可以活下去。就算站在烧成灰烬的草原上,不消几天,我也能做起生意养活我的家人吧!)阿拓觉得自己充满了生命力,他正稳健地走在事业发展的道路上。

各位读者,一般的创业小说,到这里就已经是圆满的结局,以"可喜可贺,阿拓和友纪子从此过上了幸福快乐的生活"为旁白而落幕。不过,很遗憾,这个故事并没有这么圆满,这个结局也只是一个序幕,真实的故事正要展开。

你知道圆满的结局之后会发生什么事吗?这也许是很多人都不曾有过的体验。过去我们关于经商的概念将被连根拔起。你将目睹所有的真相,了解事业与家庭之间密切的关系,以及它们是怎样紧密地联结在一起的。我们将舞台从阿拓的工作室移到他的家庭。

接下来,让我带着各位读者进入一个无法以常理推论的新世界。

第 2 章

Confessions of Self-made Millionaires

事业向左，家庭向右

事业和家庭之间关系的密切是超乎你想象的。随着事业成功所产生的扭曲会波及家庭，不只是你自己，甚至是你最重要的亲人——你的妻子和孩子，你们的生命都可能遭受威胁。

"齿轮"开始转动

阿拓一回到家，发现它已经变成无法住人的废墟，到处散落着纸箱和文件，简直像被抢劫过一样，只有一个"乱"字可以形容。当初，阿拓以为只要有电话和一台计算机，就足够应付工作所需。结果当业绩开始上升，客户送来的样本、档案、传票等杂物从工作室泛滥到了客厅，连站的地方也没有了。打扫也没用，马上又会布满灰尘。

"孩子在这种环境下怎么成长？"友纪子忍无可忍了。

她又怀了一胎，之前还多少能帮阿拓分担一些工作，但是现在业务量增加了，她的身体也越来越笨重，实在无法兼顾。（我看，得找个地方把工作室搬过去了。）阿拓决定到外面成立事务所。过去阿拓对数威公司的虚有其表相当反感，所以尽可能节省硬件费用，立志塑造一家朴实的公司。在确定公司上轨道之前，他总把积累现金列为第一要务，能不花就不花，成立事务所只是徒增开销。但友纪子的忍耐也是有限的，既然她已开口要求给孩子一个良好的成长环境，工作室唯有搬走。

既然决定成立事务所，阿拓便很认真地开始规划。坐在装饰豪华的办公室的皮椅上,还有女秘书随侍在侧,这是所有男人潜意识里的欲望,阿拓也不例外。他在东京都内的大楼找了一间大小适中的办公室,又向办公用品邮购公司要了目录,挑选了一些价格公道、外表不俗的家具。从前,阿拓总是不愿浪费时间在这些无谓的事情上,不过现在营运顺利了,他也有了比较宽裕的时间。虽然嘴上偶尔发发牢骚说"真麻烦",却也暗自窃喜梦想终于实现。

当阿拓寄出办公室的迁移通知卡时,心里有点犹豫:是不是该联络爸爸呢?自从阿拓要独立的时候和父亲大吵一架之后,两人就没再联络了。以过去的经验来看,和父亲最好仅止于芝麻绿豆的小事的对话,这样才能保持休战状态。否则,老妈就会出来打圆场了。不过靠母亲出面,也只是暂时逃避现实而已。他知道自己非得和父亲好好谈谈不可,但这是一个艰难的目标。在达成以前,他必须小心翼翼,以免踩到地雷。阿拓以前并没有自信可以避开地雷,不过现在事业已经小有成就,也成立了事务所,父亲总不会又有什么好说的。他想,这次总算可以正面迎战父亲了。

他决定请父亲来看看他的新事务所,之后顺便一起吃饭。阿拓其实很期待与父亲见面。当初要独立时,父亲不了解状况就妄下断语说他"不可能成功",现在他倒想看看父亲怎么面对自己。(爸爸应该也知道媒体曾报道我的公司吧?终于可以让爸爸刮目相看了。)

不过,阿拓想得太天真了。父亲一看到办公大楼里的各家公司名牌,就挖苦说:"都是一些看起来赚不了钱的公司嘛!这种小公司能撑几年?"

父亲净说些风凉话,打从心底看不起小公司。在父亲眼里,公司的排行等于人类价值的排行。大学的话,第一是东京大学,接着就是京都大学。私立大学的话,早稻田、庆应以外都是三流大学。公司就数上市公司最好,最了不起的是金融机关。青岛家从祖父那一代开始,都是在金融机关服务,亲戚也几乎都吃银行这碗饭。他向父亲说明了业务内容，情形还是没有改变。

"我是帮别人做，外文网页支持客户外销。"

"那不就像下游承包商一样？这种高科技领域，马上就会有人出来削价竞争了，尤其是跟网络有关的事业。"

家人之间吵起架来是不留情面的，一旦开战，就会挑最能伤害对方的字眼。这次是阿拓先发难，把心里埋藏已久的郁闷都爆发了出来。

"够了吧！爸爸，你当上银行分行经理以后，眼睛就长到头顶上了，可现在银行也一家家倒闭啊！分行经理又怎样，退休以后就是废物了，只能整天无所事事！我靠自己的能力赚钱可比你强多了。"

父亲涨红了脸，嘴唇也开始抽动。

"我可是为你好才这么说，你想过我是什么心情吗！"

（谁会懂？我根本也不想懂。）父子和睦相处只是个幻想。在日本战国时代，父子互相残杀也不是什么稀奇事。阿拓心想，或许期待一家和乐，原本就是一个错误。看来，也没必要一起用餐了。

"你走吧！我可忙得很，一大堆事等着做，你不要在这里打扰了。"

阿拓不禁脱口而出，他觉得口干舌燥。父亲沉默片刻，朝着车站的方向走去。父亲的背影，看起来比以前矮小了许多。

"阿拓，你该休个假，和家人好好相处相处了。"阿拓打电话到神崎的办公室报告公司最近状况时，神崎提醒他。

"还不行啦，现在太忙了，根本不可能休假。我接的订单太多了……"阿拓喜滋滋地发着牢骚，他心里却很清楚。公司好不容易才上轨道，现在是很顺利，可是如果没有足够的资金，难保哪天不会遇到难关。而且，阿拓以前就梦想可以买一块地来盖房子，至少得赚到那笔钱。就算是为了家人，现在最好还是专心工作。休假在阿拓心里的排行应该是在100天之后吧！

"阿拓，你把自己绷得太紧了。废话少说，带家人出去走一走吧！"神崎几乎是用命令的口吻，所以阿拓也没好气地说："神崎兄，我也想去啊，可我太太现在怀孕，根本不方便出门。"阿拓也发现自己的语气不好，想缓和一下气氛。

"我考虑请一个职员，如果我不在的话，可以帮忙处理一些事。这样我也可以多抽出一些时间陪陪家人。"神崎苦口婆心地接着说："阿拓，先成家后立业，工作是为了给家人幸福，你不要本末倒置了。"

阿拓可不认为自己本末倒置。（我当然是为了家人才这么拼啊。一直当无壳蜗牛，怎么可能给孩子好的生活环境？友纪子也希望家里有个庭院给孩子玩耍，所以我才牺牲自己，为家人拼命工作啊。买间大房子，存足够的钱，有了富裕的生活，才能给家人带来幸福。）

阿拓第一次不能认同神崎的建议。（我也不能老是囫囵吞枣的，神崎说什么就信什么，这可是我自己的公司。）这时，阿拓的手机刚好响了，是客户打来的。

"神崎兄，不好意思，我有电话，下次再聊了。"阿拓挂上电话后，一时觉得自己是不是犯了什么大错，不过这个念头马上就被客户的大宗订单淹没了。

事务所搬迁以后，阿拓马上开始招聘职员。以前友纪子还能帮忙处理一些事务，现在只剩阿拓自己了，他很快就应付不来了，得赶紧找人填补这个空缺才行。他询问人力派遣公司有没有具有业务经验的女性，最近经济不景气，他以为马上就可以找到人，但是却迟迟没有合适的人选。这段时间，接电话、跑业务、记账等工作，阿拓全都得自己办。以前工作室在家里还好，现在事务所搬出去了，每天回到家里都已经是凌晨了。

阿拓每天早上六点出门上班，回到家里，家人都已经睡了。除了假日，他几乎和家人见不到面。（我得赶快请个职员才行，再这样下去，我自己身体也吃不消。）阿拓终于等得不耐烦，跟派遣公司的业务员抱怨他们为何迟迟不派人过来，结果业务员只好明说了："不瞒你说，实在是因为贵公司的业务内容不太理想，一直都没有人愿意过去。"

这句话重重地打击了阿拓。自己辛辛苦苦建立的公司，就被这么一句话贬得一文不值，好像自己身为经营者的价值也被否定了一样。仔细想想，在小小的办公室里，只和老板面对面，这对女孩子来说的确是很令人不安的工作环境。万一演变成男女关系，就会影响工作。所以派遣公司建议稍微放宽条件，改成应聘的女士为已婚或有小孩也可。阿拓自己已为人父，他并不排斥已婚的职业妇女。

招聘广告修改三个礼拜后，终于有人愿意来试试了。阿拓打开门时，一名女子直挺挺地站在门外，她那严肃的身影让阿拓印象深刻。黑色直发束成马尾，看来是刻意要减少自己的女人味，不过这身朴素的打扮反而让她显得更有魅力。她还有双意志坚定、炯炯有神的大眼睛。第一眼的印象让阿拓相当满意，尤其愿意到这种只和老板一人独处的公司来上班，已经很难能可贵了——服部里子，26岁，曾经在广告公司做过业务，上个月因结婚离职，现在正在找工作。面试结束后，里子提出一个问题："我可以请教一下吗？"

"请说。"

"请问贵公司的理念是什么？"

公司的理念？阿拓想了又想，公司没有什么冠冕堂皇的理念，当初只不过是自己意气用事写下了这个企划书而已。

"**没有什么理念，公司只有一个目的，就是赚钱。**"回想在数威的时候，他们一再强调公司是贡献社会、让职员学习成长的地方，自己当初也是认同公司的方针，才决定跳槽的，可是却在半年后遭到裁员。结果，职员只不过是公司的一个齿轮，公司用廉价薪资压榨员工才是事实。这件事让阿拓深有体会，每次听到有公司自称是让职员自我成长的地方时，他就会暗地里不以为然。

阿拓继续说："这只是个一人公司，最终的利润当然是留给老板。你可能觉得听起来很冷漠，但这就是现实。我当然会支付你谈好的薪资，也希望你可以尽量独当一面。这个公司以赚钱为目标，没有其他目的。"

阿拓不愿意对今后的工作伙伴说谎，他干脆打开天窗说亮话。派遣公司的承办员听傻了眼。里子也呆住了。阿拓说完后，看到对方的表情那么僵硬，也不禁自我反省了一番。应该没有人愿意在这种公司工作吧？阿拓自己把场面搞僵了，双方都很尴尬地保持沉默，等着对方开口。（唉，没缘分吧，我也说得太直接了。）

阿拓打破沉默，准备结束面试，说道："还有其他问题或不清楚的地方吗？"

里子开口说："我什么时候开始上班呢？"办公室里回响着她清亮的声音。

（这样你也愿意来？）阿拓心里很高兴，就像高中男生向心仪的女生表白后获得肯定的那种喜悦。不过为了保持老板的威严，他尽量不表现出来。公司出现了第一个职员，应该要好好纪念这一天。里子来上班之后，阿拓才知道，原来里子的父母离异，母亲在开美容院。她希望将来可以独立，自己开家公司，所以她想找那种创立初始的公司，可以借由参与学习经验。

原来里子出来找工作并不是单纯为了打发时间，或是赚钱贴补家用。她曾经在广告公司待过，做过大案子，可是却完全没有成就感。她觉得公司把自己当成用完就丢的棋子，等到她年纪大了，就会找别人来代替她。如果生完孩子还想继续工作，就一定要学习自主创业的经验才行。阿拓觉得里子和自己有着同样的灵魂。

里子的适应能力很强，没几天，她就已经很熟悉公司的业务了，不仅接电话应对流畅，而且与客户之间也有良好的互动。里子来上班后，阿拓就从开请款单、管理应收账款、档案归类等这些最麻烦的工作中解脱了。里子碰到问题的时候，会打阿拓的手机，因为阿拓已经可以不用老是待在公司了。一个人工作的时候，外出是根本不可能的。

上班的服装也很休闲，牛仔裤、T恤也可以，不打领带看起来还比较帅气。不用开会，因为一切事情都由老板决定，职员就坐在跟前，想到什么交代下去就可以了。当然也没有什么上班的规矩，只要拿出成果，其他一切自由。阿拓认为这就是公司的性格。只是，他没有想到，这一点是所有公司导入期的共通特征。

由于里子的加入，公司的业务开始上轨道，阿拓也即将面临下一个大课题。从公司目前的状况来看，营业收入都是靠新客户的订单，如果不继续开发新客户，就没有进账。导入期最困难的就是获得顾客。在大公司上班的时候，什么都不用做，客户会自己找上门，因此阿拓以前完全不知道其中的辛苦。

因为媒体报道的原因，现在还陆陆续续有客户来洽询，但是阿拓很清楚，如果什么都不做，客户就会越来越少。他每个月都会因思考该怎么吸引顾客而胃疼。万事达公司目前最重要的课题，就是确保持续收益的稳定发展。

阿拓有一个新点子，他考虑推出名为"国际秘书"的新服务。就是帮中小企业处理海外业务的服务。当有人通过网页从国外洽询的时候，网页可以马上自动回信或应对。案子具体成立时，万事达这边再提供翻译服务。服务内容看起来很复杂，其实只是把原有的技术整合在一个服务项目里而已。如果和秘书中心合作，几乎可以不花任何开发成本。他调查现有客户，也发现这类需求相当多。

这个点子是很好，但是问题出在阿拓没有多余的时间将它具体事业化。公司每天都要优先处理紧急状况，时间都被紧急事项占用了，没有其他时间去处理重要的工作。这就是神崎曾经提起的创业陷阱——成功后的忙碌会变成将来成长的阻力——阿拓已经深陷其中了。他知道解决的方法就是尽可能的将业务外包，不能再坚持自己经营了。这时，阿拓决定再聘请业务人员。

有舍才有得，这是不变的法则。现在和创业前相比，公司已经上了轨道，阿拓的心境有了很大的改变，这甚至连他自己也没有察觉到：收入已经不能满足他了。他觉得公司要开始雇人，放弃自我的时期到了。（我到底为什么开这家公司？）这个问题让他回想起孩提时代。那些第一次的记忆，第一次和父亲吵架，第一次受到挫折，第一次谈恋爱，第一次工作。（我诞生到这个世界上，到底有什么意义？宇宙到底想通过青岛拓这个人，在这个世界上实现什么？）

阿拓相信宇宙和自己，等待灵感涌现。他并没有花太多的时间就想出了万事达公司的使命。灵感只是在等待适当的时机而已。

> 万事达公司的使命：将日本的技术、传统、思想，通过客户的商品传达到国外，同时也将国外优良的技术、传统、思想引进日本，万事达将成为连结全世界的中心。

阿拓写下这段话时，好像有些什么改变了。在地球的中心，一块足以牵动全世界的大石头即将开始滚动。或许还没有人察觉，但是这种感觉已经包围了阿拓的身体和心灵。

"阿拓，你做得不错嘛，我看了《日本经济周刊》哦。"电车上有人叫阿拓。阿拓回头一看，原来是西装笔挺的杉崎亮。阿拓离职以来一直没见过他。因为很久没见面，他们俩很自然地就握起手来。

"托你的福，还过得去啦。倒是你，数威现在怎么样？"

阿亮耸耸肩："还能怎样，竞争对手开发了和我们类似的系统，还推出低价策略抢我们的市场，所以我们业务部现在跟地狱差不多。公司好像计划推出好几个新案子以确保销售量，不过看起来都不怎么样。阿拓，你当初离职还真是挑对了时机。"

一直到最近，数威的技术在市场上还占有压倒性的优势，公司所搜集的信息通过音效或影像、文字等方式分享出去，他们的业务系统结构，就像是整家公司都在学习新信息，这点是其他公司无法望其项背的。数威公司自成一体的档案管理及搜寻程序，是他们竞争力的来源。他们模拟左脑及右脑的特性，不管是图像还是理论，都能够自动分层思考并归档，这是一个非常创新的系统。在知识管理领域，数威公司已经成为一种指标，在市场上也处于独占地位。

阿拓听到数威公司有竞争对手出现，觉得很不可思议。

"我记得其他公司要想开发那个系统，有一定的难度，应该不太容易抢占市场份额吧？"

阿亮怕旁边的人听见，刻意降低音量："这个啊，好像是有人把系统的原始码泄漏给对手，让他们可以加快开发速度。我们公司里面可是一片哗然。"

阿拓不禁皱起眉头。（数威的管理的确很松散，所以当初我才会向大村提交报告，现在搞成这样，能怪谁？）阿拓心里还留有当初被迫辞职的疙瘩，他对阿亮说："不过，这应该是大村的责任吧，他的部门就负责安全管理啊。"

"大村说，他已想尽办法适时处理了，所以没人敢责怪他。"

（真是荒唐！）阿拓很不屑，因为当初他的报告里就指出，信息系统部门的安全管理太松散，随时都有被黑客入侵盗取数据的危险。实际上，阿拓也曾经在家试过，不消几个小时，他就侵入数威的主机了。而大村对这些建议根本视若无睹。他觉得很生气，又想起阿亮曾经说大村好像很恨他。他突然明白了一切。（那根本不是恨，他只是怕被追究责任，干脆把我调走，这样就可以掩盖他的错误了吧？）

虽然没有证据，但是阿拓很清楚大村的意图。（所以他才会去偷看我的计算机。）阿拓为了证明自己的推测，便把事情的经过一五一十地告诉了阿亮。

阿亮瞪大眼睛，听阿拓说完后问："看来前因后果是对上了，这可是件丑闻啊。阿拓，你还留着那份报告吗？"

"怎么可能还会有，那些东西，离职的时候都丢了。"阿拓离职已经过了一年半，他可不想再和大村有什么瓜葛。现在万事达的成功，也可说是拜大村所赐。不过，阿拓很清楚，有大村这种只顾自保的董事，这家公司今后也不可能会改善了。

以前，阿拓也不敢想象阿亮这种超级业务员会有意愿到自己的公司来，不过现在他索性开口问："阿亮，你满意数威的现状吗？"

"公司现在这样，连红利奖金都被砍了不少呢。"

阿拓一脸认真："有没有兴趣到我这儿来？我正在找业务人才。年薪比现在的公司多，再照你的业绩加算红利。"

阿拓打算把自己最伤脑筋的大宗客户，交给阿亮去开发。如此一来，公司的规模可以马上扩大，也有机会和过去争取不到的客户合作了。为了公司今后的发展，他的确需要一个经验老到的业务人才。

三个月后，阿亮决定跳槽到阿拓的公司。

夫妻貌合神离，儿子命悬一线

"我回来了。"

阿拓回到家里已经是晚上十点了。他从外面看到家里的电灯还亮着，友纪子应该还没睡。阿拓一进门，便开心地跟友纪子说了一个大消息："我们拿到讲谈电机的案子了，这可是日本屈指可数的大公司啊。虽然对象只是一个部门，不过如果做得好，未来再扩大到其他部门的话，至少有3 000万日元呢！"

阿拓心里很兴奋，音量比白天在公司讲话还要大，他希望看到妻子开心的表情。可是，阿拓没想到时机根本不对。

"你帮帮忙好不好？新一好不容易才睡着，现在好了吧，他又醒了，害我白费工夫。"友纪子怒气冲冲。新一看到爸爸便开心地欢呼，跑了过来。他不只是醒了，还兴奋得不得了，看来很难再哄他入睡。阿拓和新一玩了起来。

"你怎么这种口气啊！我也没办法控制下班时间啊，我也想早点回来可总是拖到这时候。"阿拓也不好受，一整天的行程都排得很满，也很想好好地坐下来看看晚报什么的，而且他到现在都还没有吃晚餐，肚子饿得很。

"你要是弄到这么晚，就干脆在外面吃饱再回来嘛。我现在给你弄吃的也很麻烦。"

"哦，那你的意思是我最好都不要回家了？"

"对啊，你一回来，小孩就很兴奋，说什么都不听啦。"阿拓觉得两个人再说下去也谈不到一块，也懒得反驳了，他干脆专心陪孩子玩。这和逃避与父亲争吵是一模一样的方式——躲到洞穴里，静静地等风雨过去，从很小的时候开始，阿拓就是这样逃避现实的。他并没有察觉到，这个解决问题的方法只会加深夫妻间的裂痕。看阿拓这样，友纪子也放弃了。

"我累死了，我要去睡了。"她说完便自己进房睡觉。她整天在家带孩子，像打仗一样，现在好不容易孩子终于要睡了，阿拓突然回来，只负责和孩子玩玩就好，友纪子就是不高兴阿拓一人占尽便宜。

阿拓也觉得很冤枉，下班一回来就陪孩子玩，应该算是好先生、好爸爸，想不到妻子一句慰劳的话也没有，他心里也很不舒服。（什么嘛，我为了这个家辛苦工作，现在才回来，就算你很累，也不必这样说话吧？真不知道你到底有什么不满！）阿拓和孩子被单独留在客厅，他尽力压抑自己的愤怒。

这一阵子，阿拓和友纪子总是不和。公司发展顺利，收入已比当上班族的时候多了将近一倍。阿拓以为只要工作顺利，友纪子就会替他高兴，他也希望友纪子可以一起分享成功的喜悦。可是，现实的状况却不如他所预期。工作越顺利，夫妻见面的次数就越少；阿拓的事业越成功，夫妻的关系反而越僵。

友纪子也知道丈夫事业有成，应该要替他高兴，但是她心里的感受也很复杂。丈夫在社会上的成就被认同，她反而担心自己会被丢在一旁。每次听丈夫洋洋得意地吹嘘，她的脸上就会浮现这种不安。她说起孩子的事，阿拓也只是随便敷衍一下。她希望阿拓能了解自己的感受，所以故意对阿拓的事业表现得漠不关心。

阿拓和友纪子都注意到他们之间已产生裂痕，只是彼此都认为这个裂痕会自行愈合。不过他们都错了，裂痕只是不断地加深。比起家里，公司根本就是天堂，阿拓不用在乎任何人的感受，自由自在。阿拓自己就是老板，既没有上司，也没有合不来的同事，他需要在乎的只有客户而已。跟家人说道理是没用的，对妻子说道理，她只会情绪化地反弹；和职员说道理，他们会接受，因为不接受的话就拿不到薪水。

阿拓渐渐地更加埋头工作，为了家人，他拼命拓展业务。只要赚大钱，就可以向妻子证明自己是一个好丈夫。阿拓这么告诉自己，可是却因为他把感情都寄托在工作上面，其实已经向一个非常危险的地雷迈进了。

各位读者，或许你们会认为接下来所要发生的不幸，不会和自己有关。我身为作者，写这种不幸的故事也并不开心。说真的，我其实不想写出来。可是，我必须警告正意气风发迈向成功的你，即使落入陷阱的可能性只有一点点，我也不能坐视不管，默默地送你出门。**事业和家庭之间关系的密切是超乎你想象的。随着事业成功所产生的扭曲会波及家庭，不只是你自己，甚至是你最重要的亲**

人——你的妻子和孩子，你们的生命都可能遭受威胁。

其实，警报可能已经响了好几次了，只是阿拓把心思都放在工作上而没有察觉而已。周末，新一参加远足回来，友纪子发现他的脚上出现了一块一块的紫色斑点。第一次她并没特别在意，以为只是普通的淤青而已。小孩子手脚经常撞来撞去的，随时都可能形成淤青。但奇怪的是，斑点的数量实在太多了，像是大大小小的圆点。过了几天，友纪子掀起新一的T恤衫一看，全身都是圆点状的淤青。（到底怎么回事？）

新一没有发烧，也没有不舒服，阿拓和友纪子都尽可能保持冷静。星期一，阿拓要出门上班，虽然心里还是有点不安，但还是安慰自己：那可能只是暂时的吧！阿拓相信，一直往坏的方面想的话，担忧就可能会成真。所以他竭尽所能地不去思考任何令人讨厌或负面的事，就像他过去单纯地完全相信成功定律那样。

友纪子放心不下，带着新一到大学附属医院去检查。附近的医院也去过了，但只做了抽血检查，五天后还建议友纪子再到大一点的医院。她把血液检查表交给柜台后，便坐下来等待。医院人很多，她估计要等一个小时以上。友纪子觉得精疲力竭，心里正想着不知新一能忍耐多久时，不到三分钟，护士便跑了过来。

"请马上跟我到治疗室。"

她们来到治疗室，主治医师急忙对她说："血小板数量少到几乎无法检查。这是很罕见的疾病，经常发生在感冒或麻疹之后，叫'特发性血小板低下性紫斑症'。你们要尽快办理住院手续。"友纪子从没听过这种疾病，一时不知该怎么反应。

"这……到底是怎样一种病？"

"血小板主要是帮血液凝固，通常一立方毫米要有20万～40万个，令郎却少于1万个，所以检查不出来。以这个数值来看，血液就会轻易从血管流出来，尤其是当外部受冲击或头部碰撞的话，脑内就会出血,甚至会导致死亡。"(跌倒或撞到头就可能死亡?)

现实是很脆弱的,她以为理所当然的事,一眨眼工夫就完全瓦解。友纪子还不能理解医生说的话。新一会离我们而去——三年前甚至还没出生的新一,有可能从这个世界上消失?友纪子无法接受这个事实。(为什么是新一?我们并没有做错什么事啊!)

做错事和生病之间是否有因果关系已经不重要了,现在唯一可以做的,就是去面对眼前发生的事,这样才能让自己不致于崩溃。(一定是弄错了。这只是做梦,梦一醒,新一就又活蹦乱跳的了。)不管友纪子怎么逃避,新一身上的淤青斑点却是不争的事实。当友纪子发现无法改变现实时,脸上几乎没了血色。

"医生,三天前新一参加远足,那个时候他和其他小朋友打打闹闹的,不要紧吧?"

"以这个数值却平安无事,令郎可以说是运气相当好。总之,先让他静养一阵子,看看血小板数量会不会升高,再研究怎么处理。等一下抽完血,你先去办住院手续。"看到医生严肃的表情,友纪子心都凉了。(早知道,应该找阿拓一起来的。我一个人要怎么办才好?)

这时,毫不知情的阿拓正埋头工作。他从一大早就开始马不停蹄,连吃中餐的时间都没有。工作告一段落,他正回复一些电子邮件时,里子走过来说:"青岛先生,你从早上就一直不停地工作,应该要放松一下了。我来泡杯咖啡吧!"

当上班族的时候,在办公室喝咖啡是理所当然的事,可是独立以来,他忙得连想咖啡的时间都没有。里子拿访客用的杯子泡了咖啡,端过来放到阿拓的桌上。这时,阿拓才发现办公室里只有他们两人。阿亮出门去跑业务,今天是不会回办公室了。

里子端着咖啡走过来时,阿拓闻到一股淡淡的香水味。她穿着白色上衣,最上面两颗扣子是开着的,她美丽的胸线像波浪一般,阿拓不由自主地将视线停留在那里。他知道自己不应该这样,但就是无法将视线移开。里子的胸部比他想象的还要丰满，这让他心跳加速。

"怎么样？你结婚后，生活还顺利吗？"

"当然，我们可是很恩爱的呢！昨天我们两个到东京迪斯尼乐园去约会，还手牵手呢。"

"哈哈哈！真令人羡慕。约会啊，这几年我一次也没有约会过。孩子出生以后，夫妻的时间就都被占用了。"

"这样不行哟，不能以为结了婚就什么都不必做了，夫妻也是需要恋爱的。"里子笑着说，感觉她和先生还在热恋当中。她嘴唇之间隐约可见的洁白牙齿，看来是那么耀眼。阿拓的脑海里浮现里子周末和先生手牵手去约会的情景，他突然想起自己好像忘了一件很重要的事。

这时，电话响起。

"青岛先生，是你太太打来的电话。好像是用公共电话打的哦。"

阿拓觉得奇怪，接过电话。（怎么不用手机，用公共电话呢？）那声音听起来一点都不像友纪子："阿拓，你还上什么班，新一、新一……"

她说到这里已泣不成声。阿拓觉得事情不对劲，全身僵硬起来。

"怎么了？"

"我现在在医院，他要紧急住院了。"

"到底是什么病？"

"病名我也不记得了，血小板几乎没有了，一受到碰撞血液就不能凝固，全身都会出血，如果是脑内出血还可能变成植物人。"友纪子想告诉阿拓事情的严重性，可她一个人待在医院的那种孤独，却不知道阿拓是否能体会。

"不管了，我现在就赶过去。"

阿拓放下工作，急忙赶到医院。阿拓赶到医院时，新一已躺在病床上。他看到儿子手上插着点滴。这个三岁的孩子，睁大眼睛看着自己手上奇怪的管子。

"这个，痛痛，我要拿掉。"新一伸手想扯掉点滴管。

"新一，你现在生病，所以才要装这个啊，忍耐一下好不好？"

新一不知道自己或许今天就会死。他连死是什么意思都不知道。阿拓看着儿子面临死亡，还笑嘻嘻地玩着玩具车，心里已经揪成一团。友纪子怕新一担心，尽力让一切都像平常一样。平常的举动在不平常的情况下显得极不自然，好像机器人笨手笨脚地演戏一样。每句话之间的空当，友纪子几乎面无表情，这更说明了她深切的悲伤。身为友纪子的丈夫，阿拓不知道这时候应该怎么做才好。他作为一个父亲、一个丈夫，要怎样才算尽责？阿拓心里充满困惑，连自然的情感都冻结起来了。他甚至不知道自己表现得很不自然。

主治医师走进病房。

"两位，我有话要对你们说！"

医院里的"有话要说"比公司里的"有话要说"需要十倍的觉悟。 在公司，部下"有话要说"，顶多是发生了什么状况，可在医院，或许就有可能宣告死刑了。阿拓和友纪子担心的是同一件事。（他会不会在看不见的地方有内出血？这个病是暂时性的，还是会持续一辈子？这个病要怎么治疗才会好？）

"我们替新一拍了头部X光，照片看起来应该是没有脑内出血的情形。"医生的一句话，让友纪子绷紧的神经一下子放松了。阿拓则一屁股坐下，任自己的身体埋进沙发。新一那样打打闹闹，竟然没有造成脑内或内脏出血，真可说是奇迹了。

医生继续向他们说明："我们也不清楚这种病的病因，为了预防万一，我们会用血液凝固剂，同时也会每天记录血小板的增减情况，再依情况决定治疗方针。"

"这种病会跟一辈子吗？"阿拓忍不住直截了当地问。

第2章 事业向左，家庭向右

83

"很多病例都只是暂时的，不过也有人会复发或转变成慢性。"医师回答得很暧昧，阿拓心里更着急。

"那新一是哪种情况呢？"

"这要看今后的症状才能判断，现在我们也不能说什么。"

阿拓期待医师能对他说"我们会尽最大努力"或"请放心，我们绝对不会让令郎死的"，可阿拓自己也很清楚，站在医院的立场，他们当然不可能说出这种不负责任的话。只是阿拓很不愿意新一被当做众多病例中的一个。

新一必须住院至少三个礼拜，只能有一名家长陪同。阿拓手边有个一月后要交的案子，照他的想法，男人上班天经地义，所以他决定继续完成手上的工作。他虽然告诫自己不要像父亲一样，但却在不知不觉中和父亲采取了相同的行动，自己却没有察觉。

阿拓离开时还给妻子打气："加油。"

友纪子只应了一声："嗯。"

但她的脸上毫无表情。孩子都已经濒临死亡，而且她也身怀六甲，她不敢相信这时候丈夫还有心思回到工作岗位上。（为什么我得一个人在这里加油？他也是你的孩子啊！）她躺在医院又冷又硬的简易床上，觉得自己像被遗弃了一样。

"怎么讲话有气无力的，发生了什么事吗？"

阿拓难得找神崎出去喝一杯。神崎察言观色的本领高明，每次都能说中阿拓的心事。所以阿拓也不和神崎客套，与他一见面，就可以马上把平常无法对旁人说出的心事都倾吐出来。

"嗯，工作还算过得去，只是我儿子生病住院了。"阿拓告诉神崎，新一现在正面临生死关头。他越说越激动，差点落泪。神崎若有所思地看着阿拓，他也明白阿拓今天约他的真正意义了。

"你知道现在到底发生了什么事吗?"

"不,我不知道。"

神崎停顿了一下,然后继续说:"我把我所感觉到的事说给你听,或许你可以参考看看。"

"好的。"

"你们夫妻感情还好吗?"

"呃,嗯,还不错吧!不过友纪子带小孩也很辛苦,我们几乎没有时间交谈。"阿拓回答的时候,自己都觉得这样还说感情不错,分明是骗人。

"我来告诉你事业和家庭的关联性好了。"神崎说着说着,照例拿出笔来,想找张餐巾纸来写。阿拓希望保留神崎所写的,便从自己的公文包中拿出笔记本。

"好,阿拓,你觉得自己现在是在这个成长曲线的哪一段?"

"如果是说公司的事业,我想应该在成长期的开端这边吧!"

"对,事业渐渐上轨道,你自己应该也越来越有自信。"

"是啊。"

"然后呢?如果是连续剧,丈夫事业成功,妻子就高兴了。然后家里经济宽裕,搬进大房子,想买什么就买什么,随时可以出国旅行,大家过着幸福快乐的生活。"

阿拓点点头。

"可是啊,现实却不是这样。你越顺利,你太太在家里就越不顺心。你越勇往直前,你太太就越往后退。然后,她就会觉得为什么自己总是那么悲观,越来越讨厌自己。但是这种情绪变化是在无意识的状况下产生的,她自己也没办法控制。她想变得乐观一点,可就是事与愿违。"神崎说得太准确了,阿拓几乎以为家里被装了窃听器。

"没错,我家现在的状况跟你说的一模一样。我的工作不顺利的时候，她反而会帮我，最近我说起工作上的事，她却完全没了兴趣。她根本无视我的存在，只要稍微提起工作，她就说累死了什么的，根本不想听。"

"那你是什么感觉？"

"我觉得我一切都是为了家人，他们却否定我的价值。"阿拓在向神崎说家里的状况时，才发现他们夫妻之间的关系根本就已经濒临危机。

"**人与人在一起，就会产生情感。家庭和职场一样，有乐观的一群，就会有悲观的一群来取得平衡。**就像电梯上升时，对重砣就必须下降以保持平衡一样。你手上的肌肉也是如此，你将手臂弯曲时，上面的肌肉会紧缩，下面的肌肉就会伸展。你凡事太乐观，就有人会产生页面的想法，给你泼冷水。"阿拓觉得很混乱。

"那神崎兄的意思是，凡事乐观这个成功定律是错的吗？"

"不，要是没有乐观、勇往直前的思考，你就不会有任何行动了。当然要凡事乐观，才会开花结果。我的意思是，过度乐观，就会产生负面思考。"

"我一直以为正面思考才是对的，我太太凡事都很悲观，我就觉得她的乐观程度怎么这么低，这样如何能在社会上立足？"

"你看吧，你自己也不能认同你太太。你太太也一样，你越努力赚钱，她越不能认同你。丈夫一成功，妻子就会嫉妒他。

"这并不是因为女人善妒，男人站到同一个立场也会嫉妒。比如一个丈夫失业，妻子的事业成功，这个丈夫能敞开心胸替妻子高兴吗？况且，你想象一下他必须帮妻子洗内衣的情景。"

"那的确很难，我可能会忍不住检查她的内衣，看她有没有外遇。"阿拓开玩笑地说。这表示他还不认为这是自己切身的问题。

神崎并不在意，他继续说："当夫妻关系像这样陷入困境时，就轮到孩子出场了。"

"这怎么会和孩子有关呢?"

"家庭是孩子的全世界,如果家庭让他觉得不舒适,不安全,他就不能好好成长,就会想办法恢复父母的感情。

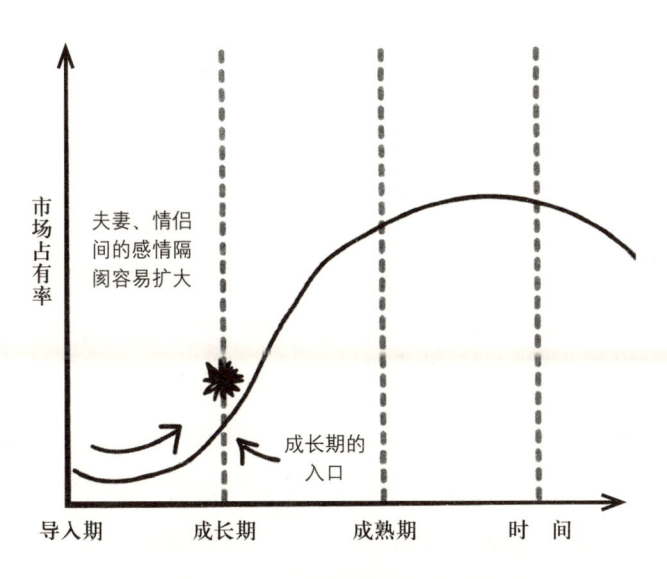

图2.1 家庭与职场关系曲线图

"我尽量说简单一点。小孩有可能变好,也有可能变坏。假设有两个孩子,一个是好孩子,一个是坏孩子。好孩子凡事听从父母,他为了让父母恢复关系,可能在学校努力成为模范生,回到家里变成英雄。但是,相反地,坏孩子就会选择使用暴力、生病、意外事故,等等,要父母同心协力地去解决他的问题,这样,夫妻的关系就可以恢复。"

阿拓心里一惊,听神崎这么说,他才发现自己和友纪子已经很久没有好好交谈了,但新一生病后,却每天都通电话。对于留在医院奋斗的友纪子,阿拓是满怀感激。但是阿拓不能接受自己为了家人拼命地工作,却成为新一生病的原因,他不愿意相信这是事实。

"神崎兄,这么说来,新一生病是为了让我们夫妻和好吗?"

"他会这样当然也是无意识的,孩子都会无意识地对家中气氛很敏感,所以他们是父母最佳的顾问。好孩子也有凡事替父母代劳的,也有学老莱子彩衣娱亲①的。其实那些旁人都称羡的好孩子才是受伤最深的。坏孩子里有的会希望自己消失,老是往外跑;也有人会变成殉教者,不断承受伤害。

"好孩子或坏孩子,其实都只是他们在家里扮演的角色。比如一个家里有两个女儿,其中一个生病,当她康复,另一个就生病,会互换角色。这在心理咨询领域是很自然的现象。

"就是因为这种情感因素,很多事业正在发展阶段的经营者,或是在大企业里职位扶摇直上的人,他们的家庭都会陷入类似的陷阱。"

"那我到底该怎么办?怎样才能避开这个陷阱?"

"这就会陷入两难了。公司处于草创阶段的时候,你的精力会全部耗费在事业上。对经营者来说,草创期的公司就像婴儿一样,不可能任其自由发展就能赚钱。你必须24小时全神贯注。

"所以做妻子的能不能了解这种状况、能不能忍耐,做丈夫的能不能感谢妻子的支持、能不能慰劳她的辛苦,就变得很重要了。你要让事业尽快上轨道,可是在事业上轨道后,你必须趁着还没有变成工作狂之前,在事业与家庭之间取得平衡。"阿拓想起几个月前神崎在电话中的建议。

"神崎兄,所以你才要我休假吗?"

看神崎的表情,好像不记得了。

"你也太不够意思了,为什么不早点告诉我这些?"

"当时是你挂我电话,你都不想听了,我说也没用。"神崎难得表现得这么强硬。阿拓还是觉得神崎很过分,就因为他当时没说,新一现在才会面临生死关头。

---

① 传说春秋时楚国有个隐士老莱子,很孝顺,70岁了还穿着彩色衣服,扮成幼儿,引父母发笑,后成为孝顺父母的典故。见于《二十四孝》之"戏彩娱亲"。——译者注

"还有，阿拓，我先警告你，该小心女人了。"

"什么意思？这又是你的预言吗？"

"不是预言，是预测，你可别搞外遇啊。"

"我才不会有外遇呢，我都忙成这样了，哪有时间去找女人？绝对不可能。"阿拓一口就否决了。

"可是，男女关系就像交通意外一样，突然就会发生的，这个世界就是这么奇怪。"

神崎自言自语般的继续说："森鸥外①说过，世间的人放任性欲这只老虎，偶然骑到它的背上，就会跌入灭亡的山谷里。你应该是不会啦，我只是提醒你。"

（随便你怎么说，我可是打心底里爱我太太。虽然现在彼此心里有点疙瘩，我也不可能去找别的女人。）阿拓突然觉得神崎那种看透人生的态度很令人厌烦。酒喝着喝着，他觉得神崎的表情好像和自己的父亲重叠在了一起。

隔天阿拓去看新一，他的病情已经稍稍好转，血小板的数量也慢慢增加，已经脱离最危险的时期了。阿拓走进病房时，新一正在病床上玩怪手和卡车。虽然已经不用再打点滴，不过为了不让他乱跑，点滴管还插在他手上。阿拓觉得好像把小狗锁住不让乱跑一样。点滴管里的液体像水一样透明，稍微倾斜，就变成骇人的黑色液体。那是血，即使是小孩，他的血还是黑色的。友纪子看起来憔悴了许多。她在这间病房住了两个星期，勉强可以淋浴，却没办法泡澡。阿拓想安慰一下友纪子，但她脸上僵硬的表情，回绝了他的好意。

阿拓心里觉得友纪子确实牺牲很多，但他工作的辛苦也不亚于她。这或许是没有意义的战争，争论谁为家人牺牲比较多，不管哪边赢了，都只是精疲力竭而已。然而，正在战斗的人，是看不出战

---

① 本名森林太郎，号鸥外，1862—1922年，日本小说家、评论家，和夏目漱石并称文豪。——译者注

争的原因和空虚的。阿拓往新一的病床上看了看，发现床单染红了一大片。（糟了！这是怎么回事？）点滴管松掉了，血液顺着管子流到床单上。一大片血迹足足有水沟盖板那么大。

阿拓以为儿子看到这么多血会不知所措，没想到新一只是"咦"了一声。友纪子则平静地把点滴管举高，让血液不再流出来，然后按呼叫钮，告诉护士"点滴管松掉了"。儿子又若无其事地开始玩。看到友纪子和新一这么冷静，阿拓开始自我反省：唉，最没用的其实是我啊。当老板以后，他很久没有自省了。这件事后，孩子的病情快速好转。

有时候，神只是为了要见血，就要求人们献祭。（或许就是流了血，生命才不至于被取走。）三个礼拜后，新一可以提早出院了。青岛家总算又恢复成和平常一样。"平常"是很珍贵的宝物，如果新一没生这场病，他们也不会察觉宝贵的时间缓缓流逝。阿拓和友纪子都从心底松了一口气，但是也都不知该如何向对方表达自己的心情。

巧推"国际秘书"

> "万事达与24小时电话系统公司合作，打入外销部门委外市场。"

这是登在《日本经营新闻》创业版的报道。万事达创业至今已经进入第三个年头了。"24小时电话系统"是日本国内最大的电话服务公司，这次合作，是阿拓和阿亮花了很长时间策划的项目。

对万事达来说，这次合作可以确保稳定的收入。如果只是制作外文网页，必须经常开发新客户，事业很难维持一定水平。阿拓对此感受特别深刻，因此他必须尽快建构一个可以定期产生收益的事业形态。在客户方面，需求度最高的就是可以应付国外洽询的翻译服务，以及海外营销的咨询服务。万事达推出"国际秘书"，就是满足客户的需求，让他们可以委外处理外销业务。

万事达在网络上架构外销通路方面已经有足够的经验，他们使用吸引国外媒体报道日本企业的宣传策略，这一点也证明阿拓公司实力雄厚。只是如果自己设立电话服务中心来应付国外的洽询，需要一笔相当可观的费用，因此阿亮和阿拓便设法找大规模的电话服务公司一起合作。由于报纸刊登了这次合作的相关报道，阿拓公司的业务有很大的进展。万事达和业界规模最大的公司合作，知名度一跃直上。过去大家认定他们只是家企划制作公司，现在他们摇身一变，成为知名的综合国外市场的委外公司了。

万事达推出"国际秘书"后，原本的300家客户中，有75家又签下这个服务的合约。看了媒体报道后前来洽询的，一个月来又有72家公司成为新客户。也就是说，他们一推出这项新服务，每个月都能够从147家公司获得稳定收入。此外，这项服务采用事先付款的结账方式，万事达的资金周转便立即获得改善了。

阿拓对于自己可以在短期内把公司和业务形态做得如此有声有色感到相当满意。公司的经营前景已可预见，以前阿拓必须365天全天候卖命，现在即使阿拓不在，还有阿亮在公司里面照顾一切，他总算可以不用整天待在公司里，就算一周长时间出差也没问题了。就在大家都觉得终于可以轻松一下时，阿亮带回了一个坏消息。

"阿拓，你知道吗？数威好像要跟我们做同一种生意！听说他们提供从制作国外网页到对应的一条龙服务，根本就是抄袭我们。"

"你说什么？从哪里听来的？"

"以前的同事，你记得有一个叫石本的吗？就是他告诉我的。你猜谁是这个部门的主管？"

"我怎么会知道，我都离职三年了。"

"是大村。"

阿拓一听到大村的名字，就觉得好像吃到了黄连。（又是他？我实在不想再听到他的名字了。）

"数威原业务营业收入每况愈下，所以他们在认真寻求新企划，不放过任何一种有发展潜力的事业。这是大村那个部门的宣传简介。"

阿拓很吃惊。

"搞什么？这根本就是抄袭我们嘛。"

"对啊，连网页也抄袭我们。这也太明显了，你打算怎么办？可以告他们侵犯知识产权。"

"我会和律师商量，看看侵犯知识产权可以争取到什么地步。"阿拓说完，脑海中突然闪过一个念头，然后露出诡异的笑容。阿拓很少出现这种挑衅的表情。

"阿亮，这事情越来越有趣了哦。"

"怎么会有趣？人家是资金雄厚的上市公司啊，他们就要来抢生意了。"

"所以才有趣啊，到目前为止只有我们万事达一家公司在开拓市场，可是，这个商品从市场整体来看还处在导入期。数威加入的话，市场就可能扩大，一下子进入成长期。这么一来，我们的客户也会增加。我们公司也该准备正面应战了。"

"你是说和大村吗？"

"什么话，我才没那么低格调呢！那是20世纪的企业才会做的事。**我们万事达可是要当21世纪企业的范本，和对手不是战斗，而是各展所长，一起开拓市场。**"

"要怎么做？"

"我要发封邮件给大村，跟他说我们很高兴多了竞争对手，邀他一起努力让这个市场更加成熟。"

"我真是不敢相信！阿拓，你和以前完全判若两人。"

阿亮叹口气。阿拓会这么说不是没有原因。他身上已经开始有成功者的气息，这是一种排除万难、实现梦想的英雄身上才会散发的气息。这对他周围的人来说是非常有魅力的。但是只有阿亮为此感到不安。他和阿拓两人一起打拼到现在，可以说一直都处于蜜月期。但凡事终会告一个段落，随着阿拓的成长，阿亮也必须明确自己在公司所扮演的角色了。

温旧梦，情越轨

自从与24小时电话系统合作后，万事达的业绩便开始快速成长。以前他们如果不积极去开发客户，就无法保持稳定的业绩，但是现在就算什么都不做，顾客也会主动来洽询。阿拓对外发布消息或接受采访的机会增加了，另一方面，阿亮则一手揽下业务重任。阿亮要应付接连不断的顾客，还要定期追踪，了解顾客需求。他手下的业务员也增加到五个人，人数和公司营业收入的成长呈正比。

阿拓已经一步步实现了上班族时代的创业梦想，收入也大幅度增加，神崎甚至建议他差不多该做买房子的准备了，因为他的资产已经开始产生积蓄。但是唯有一件事违背了他的理想，就是他与家人的对话少之又少。友纪子总是只说说场面话应付应付而已，他感觉那些话根本不是她心里的真正感受。或许因为她又生了一胎，光是带小孩，就已经够她忙的了，对于阿拓开创事业所实现的梦想，她既没有时间听，也没有兴趣参与。

有一次，友纪子说："你一回来，孩子就兴奋得管也管不住，你以后十点后回来好了。"

阿拓觉得很受打击。（我努力工作让你们过好日子，而我却有家归不得？）阿拓以前每次看到有关无性夫妻的报道，都觉得那些人很可怜，没想到现在自己也变成那种人了。阿拓和友纪子以不期待对方表现的方式来保持两人之间的平衡。友纪子没什么不满，她已熬过了那些愤怒，心已经死了。她以为所有的夫妻结婚几年后，都会变成这样。

（不用再谈什么恋爱了，现在工作就是我的情人。）阿拓干脆这么想。过了一阵子，他突然收到一封陌生的邮件——月下彰子，一个他几乎要忘记的名字。那天收到的邮件大概有100封，阿拓第一个打开彰子的邮件来看。命运总是喜欢捉弄人。神崎曾经警告阿拓"不要搞外遇"，他没有想到打开这封邮件之后，事情的发展竟然如神崎所料。

"青岛先生，好久不见。我前一阵子在杂志上看到你的消息，真是吓了一跳。你当老板了呢！恭喜你。彰子"

彰子是阿拓大学时代的同学。当时她在校交响乐团担任小提琴手，演奏技巧丝毫不亚于职业演奏家。阿拓对这种有艺术气息的女孩子特别有好感，当时他对彰子是一见钟情。但是，美女总是让男人难以靠近。阿拓在毕业前，曾鼓起勇气约彰子去看电影，没想到向来拒绝男孩子邀约的她，竟然一口就答应了。阿拓也不记得自己说了什么话，只记得彰子客气地回答他的问题，声音好听极了。美妙的声音总能掳获人心。彰子的声音一定有很强的 α 波①吧？阿拓一边读信，一边回想起彰子的声音。

当年，他和彰子约会三次后，就突然再也联系不上了。阿拓约她，她就假装不在家，就算电话接通了，她也很明确地表示不想被打扰。阿拓完全不知道自己到底做错了什么。

三个月后，阿拓才知道彰子已经订婚了。后来阿拓心里就一直存有芥蒂，也丝毫没有再跟她联络的意思。他回复了彰子的信：

---

① α波，9~12Hz，是一个人学习思维效率最适宜的波态。——译者注

"已经十五年了，你留给我一个很大的疑问，到现在我还是不明白，当时你为什么就那样从我面前消失，我找不到答案。这十年来我一直在想这个问题。人死的时候，大脑会像走马灯一样回想起过去的种种。听说一辈子的疑问都会在这个时候得到解答。我想，我死的时候，应该也可以得到这个问题的答案。不过，如果可以的话，我希望你现在就告诉我。"

阿拓并不期待彰子回信。只是，如果找不到答案，他感觉自己的人生好像就停滞在那里了。一个星期后，彰子回信了：

"我很犹豫该不该回信。我自己也不知道该怎么说。现在回想起来，当时一切都太顺利，让我觉得很害怕。我和我母亲的感情很好，我不想违背她的意愿。为了避免我母亲产生嫉妒心，我不能比她幸福。所以，我不能跟你在一起。"

阿拓一时冲动，又回了信：

"我想再见你一面。"

彰子答应了阿拓的请求。他们见了三次面，都是在平日的白天，还一起用餐。他们比学生时代更有话聊。从第四次开始，他们就到饭店用餐，然后做爱。她身体的曲线像小提琴，声音也很高亢。他们不再像年轻时，好像想从对方身上夺取什么似的激烈交合，现在是为了给彼此欢愉。阿拓原来只希望死前和彰子见面，却演变成了定期幽会。

他唯一不甘心的是事情的发展竟又被神崎说中。阿拓怎么也想不明白，神崎为什么能预测到他会有女性问题，甚至连他自己都完全无法想象。阿拓虽然很不甘心,但也只能认输。他拨了电话给神崎。

"神崎兄,我甘拜下风。果然被你料中了。"

"你在说什么?"

"女性问题啦。"

"唉,那也没办法,你就当多了一项人生的历练吧!"阿拓听到神崎在电话的另一头叹了一口气。

"别这样挖苦我嘛。可是,神崎兄,你怎么知道我会有外遇问题?"

"创业的周期里,什么时候会发生女性问题,都是注定好了的。不过大白天的,要说教也嫌太早。今天晚上一起去喝一杯吧!"

神崎和阿拓都提早结束了手上的工作,太阳还没下山就喝起酒来了。别人还在上班时的啤酒格外美味,好像在做什么特别的事一样让人兴奋,而且今晚的话题不是赚钱,而是女人,阿拓觉得自己好像又回到学生时代。以啤酒润喉后,神崎便开始说教:"有一段时期,经营者特别容易谈恋爱。我与好几千位经营者接触过,大概都是相同的模式。他们大部分都在成长期的前半段开始陷入情感问题。"

阿拓心想,成长期前半段容易发生情感问题,是所有的企业管理课本上都不会写到的吧。他很期待神崎到底会说什么。

"至于成长期前半段容易发生恋爱的原因嘛,就是英雄难过美人关,这样你该有点头绪了吧?**性爱的精力和创造的精力,它们的根源是一样的。发挥创造力的同时,性爱的精力也会高涨。**你有新创意的时候,是不是性欲也会比较强烈?"

"你说得没错,每次我关在办公室里赶简报数据或报告时,就会特别兴奋。"

"一般来说,英雄能很巧妙地运用这两种精力。可这个原理一放到夫妻关系上,就会变成裂痕的原因。做丈夫的发挥创造力时,也就是公司开始成长时,他的性欲很强烈。但做妻子的在这个时候情绪却是低落的,会嫉妒丈夫的成功。这个时候求欢,被妻子拒绝几次后，丈夫就会觉得很沮丧，因为自己在家里连房事都不被认同。"

"我也是这样。"

"如此一来，男人就会觉得愤怒，心里越想报复妻子，性欲就越强烈。然后，他就会觉得公司里的女性很有魅力。"

阿拓发现连自己最近觉得里子特别有女人味的事情都被神崎看透了。

神崎继续说："男人如果单身时创业，大部分都会和公司里的女性结婚。如果是结了婚的男人创业，就会和公司里的女性搞婚外情，然后因此而结婚的也不少。不管怎么说，公司一开始成长，就很容易发生女性问题。相反，公司经营困难时，家庭反而会团结一致。"

的确，环顾周遭的经营者，有人和公司职员发展成恋爱关系，然后结婚，也有人和职员搞婚外情，然后再婚。阿拓回想起自己在大公司上班的时候，有人一坐上主管的位子，就开始和公司里的年轻女性交往。以前他只是单纯认为那个人天生好色，性欲特别强而已，原来这其中还有玄机。

想到自己和彰子突然重逢的事，阿拓问："可是，如果这时候身边没有女人的话，会怎么样呢？"

"很奇怪，就是会出现啊。愤怒会把有相同问题的人拉到一起，就像参加宴会的时候，站在不同角落的男女总会像磁铁一样互相吸引。这种情况下，他们即使交往，男人也只是将他愤怒或怨恨的精力，通过性爱传递给女方。而女方也会暂时误以为这就是恋爱而投入，不过最后因为不可能再进一步，他们便会因厌倦而分手了。"

神崎把这一切都机械式地模式化，阿拓却很不以为然。或许也是因为他其实希望和彰子继续交往下去。（男女关系哪是这么简单的图表就可以说得清楚的？）神崎似乎也感觉阿拓不能认同，又补充说："当然啦，也有不是因为愤怒而发生的恋爱。**人成功以后历练一多，和过去的伴侣之间就会产生差距。为了填补这段差距，就会需**

要拥有其他特质的女性。这个原理,就是我们潜意识里称为'阿尼玛'和'阿尼玛斯'①的女人性格和男人性格,在无意识层级扩大后,意识层级便开始寻求协调。"

"你的意思是,夫妻感情要能够维系,必须以相同的速度成长才行是吗?"

"没错。"

"我该怎么做?"

"夫妻一起打拼事业的话,虽然经常吵架,但感情还是不错。夫妻拥有相同的兴趣,一起参加读书会、讲座之类的,也是很好的方法。"

"我读过松下幸之助的书,他也曾经写到,夫妻感情和睦的商家就值得信赖,生意一定会好。"

"对啊,丈夫把气出在妻子身上,妻子就把气出在孩子身上。孩子受气,就像我以前说过的,他们会带上各种面具,有的变模范生,有的就生病。如果还有女人的问题,你看好了,夫妻的关系陷入红灯状态,你在家里已经精疲力尽,还要兼顾事业的话,就唯有舍弃家庭了。"

"也就是离婚啰。像杰克·韦尔奇那样受到全世界尊崇的经营者,他退休后离婚的消息就是很经典的例子。"

"领袖级经营者家庭破碎的例子非常多。媒体总是只报道他们光鲜的一面,使得很多人心生向往,以他们为榜样。但是一旦走上同一条路时,连家庭问题都学起来。被奉为最高明经营模式的负面因素,就是把家庭也赔进去了。"

"神崎兄,这种现象并不限于经营者吧?大企业里面也有。我记得在以前上班的公司,经常听到主管在公司里面搞婚外情。那也是因为他在公司的地位提高了,夫妻之间有了裂痕,他就去找身边的女人吗?"

---

① Anima & Animus,根据荣格的分析心理学,阿尼玛是男人无意识中的女人性格与形象;相对地,阿尼玛斯则是女人无意识中的男人性格与形象。——译者注

"也不是所有人都会有婚外情啦。我只是为了方便讨论，才把问题一般化。在公司里的地位提高，就表示他的责任更重，精神压力更大，这种情形也很常见。

"如果只是随便说说男欢女爱，也都还好，可是现实社会里发生的案例就更悲惨了。丈夫在公司里累积的精神压力，回到家里后发泄在妻子身上，妻子又把这些气发泄在孩子身上。有时候更糟糕的状况，就是妻子不自觉地开始虐待孩子。你甚至无法想象，就算是受教育程度高的女性，也会无意识地虐待孩子。"

"这么说来，孩子在学校欺负同学，其实也是把母亲发泄在自己身上的气转移到学校里去，是吗？"

"没错。愤怒是会相互传染的。现在这个时代，整个社会就是大家互相发泄愤怒。"

"愤怒的原点就是经营者吗？"

"对，所以经营者一定要有根深蒂固的家庭观和哲学观。问题是，有几个经营者知道自己对社会的影响力呢？"神崎茫然地看着远方。这个问题之沉重，让人感到绝望。

"听你这么说好像责任都在我身上，这都让我开始厌恶自己了。"

"责任本来就在你身上，不过没有必要厌恶自己，厌恶感和罪恶感只会阻碍你进入下一个阶段。而且，这个问题应该是从你父亲那儿继承而来的。

"这不只是你的问题，是我们社会在高度成长时期制造出来的歪风，整个社会花了一二十年才渐渐看清楚这个大问题。"

"神崎兄，我该怎么办？我已经有女人了，这样下去不太妙吧？"

"所以我才叫你不要搞外遇啊。世界知名心理治疗师、知见心理学创始人恰克·史匹桑诺（Chuck Spezzano）博士就说过，**不必回避新认识的女性，只要拒绝她们的诱惑，你在她身上所寻求的魅力，就会出现在妻子身上，而且大部分都在两个礼拜之内就会出现**。但是，你如果不了解这种机制,就很容易投入对方的怀抱。"

阿拓想到自己的行为被看穿,心里又是一阵哆嗦。

"一旦陷入三角关系,你就不能再前进了,事业和家庭都会因此停滞。"

"我该怎么做,才能避免停滞呢?"

"如果夫妻再次面对面,强化彼此之间的关系,你和新恋人就会自然走向分手。很奇妙地,夫妻一旦再度携手,很多时候新的女人就会离开了。相反地,如果你选择离婚,和新的女人在一起的话,还是会和前一段婚姻一样,又碰到停滞不前的状况。这也像史匹桑诺博士说的,男女关系一开始是因浪漫而起,不久后开始彼此争取主导权,然后就会进入红灯期,也就是阿拓你现在所处的危险时期。

"只要能够脱离这个危险时期,可以互相信赖的伴侣之间就会再度诞生新的家庭成员,但是大家都没注意到这一点,所以几乎所有的家庭都陷入机能不全的状态。他们彼此不再期待对方,以为放弃一切,家庭才能得到和谐。"

社会上的成功和恋爱的精力间竟有如此密切的关联,阿拓为自己的男女关系知识还停留在中学阶段感到不知所措。(我心目中的经营天才神崎,为什么对男女关系也这么清楚?)阿拓坦率地问了神崎。

"我没说过吗?我前一次的婚姻就是以失败收场啊。我太太离开时,我根本搞不清楚她为什么不在我身边了。我苦恼了很久,最后才知道原来是这么一回事。"神崎闭上眼睛,若有所思地自言自语:"没有知识的话,我们就会变成感情的奴隶,陷入这种模式。"

而阿拓现在所面临的孩子生病、家庭机能不全,却是必须付出极大代价的一种模式。

隔天是星期六。阿拓带新一到公园散步,可是他却心不在焉。他满脑子都是和神崎的对话。他心里也很抗拒神崎所说的事实,但是再这样下去,家庭难免破碎,所以他最好和彰子分手。可是现在的阿拓,在家里根本没有容身之处。在事业上拥有优秀决断力的阿拓,碰到恋爱问题却束手无策。(只能走一步算一步了吧!)

他叹了一口气,突然看到某个不该看的东西——白色的大腿上,一大块紫色的痕迹——新一的大腿上,有块好像被打过的淤青。"精神压力一大,就会无意识地打孩子。即使是知识水平高的女性,也会有虐待孩子的行为。"阿拓想起神崎所说的话。(难道,友纪子……)阿拓顿时不寒而栗。

第 3 章

Confessions of Self-made Millionaires

温柔的陷阱

他朝着有光的方向跑去。但是他越想靠近，光却离他越远。他以为找到了出口，却又回到了原来的地方。这个迷宫的出口到底在哪里，他怎么找也找不到。

十面埋伏

"什么？她又请假？"阿拓很恼火，加上今天丽子已经连续三天请病假了。（专挑公司忙的时候……这样怎么应付洽询电话？连订单也不能接了。）

"听说她也得了梅尼尔氏症①哦，跟我一样的症状。"里子对阿拓说。里子大约半年前得了梅尼尔氏症，现在仍在服药中，最近刚有些好转。这次是里子小组里的丽子经常请假。丽子身体状况好的时候精神抖擞，干劲十足。只是一上班两天，接下来三天都无法动弹。里子说，梅尼尔氏症这种病是耳朵的三半规管附近积水，以致失去平衡感，严重的时候会晕眩或呕吐，连站都站不起来。

"可是，我以为你已经痊愈了，为什么换成其他人开始生病呢？这……应该不是传染病吧？"阿拓歪着头问里子。

"听说是精神压力大造成的。不会传染啦，不必担心。"

"精神压力？丽子每天九点上班五点下班，工作也没有比在其他公司忙碌啊。"

---

① 梅尼尔氏症：以膜迷路积水中主要病理特征的一种内耳疾病属疑难症。本病以突发性眩晕、耳鸣、耳聋、或眼球震颤为主要临床表现。——译者注

里子和丽子两人先后得了听也没听说过的梅尼尔氏症，阿拓心里虽然觉得奇怪，但他认为只是单纯的突发状况。可是，继丽子之后，又有第三个人也得了梅尼尔氏症，很明显这不是偶然的了。（公司到底发生了什么事呢？）公司职员接二连三地病倒，甚至有人说会不会是办公室里有什么不干净的东西，最好请人来驱驱邪。

如果是神崎，他会怎么看？阿拓暗自思索。（不要把偶然当偶然。要了解偶然的意义。）阿拓想了好一会儿，终于有了答案。（这是给公司的警钟啊。）这个答案后来被证明是正确的，只是阿拓想不通警讯到底是针对什么事，他完全看不出哪里有问题。所以警钟便越敲越响了。

事情得从警钟响起的半年前开始说起。和前一年相比，万事达的营业收入已快速成长到原来的两倍，职员人数也超过20人，因为当时还没有人专门以承包外文网页的制作，或是以受托处理国外业务为业务，阿拓的公司在这个冷门市场成为先驱，说这个市场是完全靠他们一家公司打下江山也不过分。随后，数威公司也以相同的模式加入市场。这个市场开始受到瞩目后，马上就有七家公司跟着加入竞争的行列。有趣的是，所有后来加入的公司都是抄袭阿拓公司的做法。

一开始，公司内也担心有了竞争对手，市场就会被抢走。但是，如同阿拓所预测的，这点小小的不利完全不足以放在心上，因为市场会因此扩大，带来的获利点就更多。由于其他公司的加入，万事达在业界确立了领导地位，享受着独占先机的利益。靠着阿亮灵活的业务手腕，大宗客户的比例也大幅度提高。合作关系良好的客户，也都宁愿选择价格贵一点的万事达。

因为市场本身已经扩大，客户每年都以倍数成长。不过，万事达也不是从此就高枕无忧了，因为许多公司在短期内加入竞争，价格便急速下滑。如果价格照目前的速度下跌的话，几年以后，多国语网页的制作就可能完全无利可图了。因此，阿拓必须趁着业绩还不错的时候，赶快寻找其他商机。

阿拓心里一直在酝酿一个新点子。那就是提供与国外企业合作的支持服务。日本企业要拓展外销业务时，阿拓的公司可以提供从策划、选出最优合作企业到签约的一条龙服务。这是由客户的抱怨激发出来的灵感："就算有人在网页上洽询，也都只是一些小订单。如果能拿到大公司的大笔订单就好了……"

"帮我们找买主，提供翻译、口译的服务是很好啦，可是你们的服务到这里就结束了，我们从中途接手也应付不过来。"诸如此类，大宗客户越多，策略性地选择国外合作对象、取得大规模订单的需求就越高。他们希望业者提供整套完善的服务，也就是从提供合作对象信息、策略咨询，甚至到签订合约，都能够获得支持。阿拓认为，这个新事业在中国尤其有很大的发展空间。如果慎重考虑中国市场，当然有很大的不利因素存在。但是，胜算还是比风险大得多。

阿拓特地跑了一趟中国，感受到这个市场的确正在成长当中。如果问中国人现在最想要什么，不外乎就是房子、车子，还有出国旅行。这也正是日本高度成长的时候日本人最想要的东西。和20世纪70～80年代的日本人一样，中国人现在也抱着物质生活越丰富就越幸福的幻想。阿拓知道，人们即使明白这只是幻想，但是欲望一旦起跑，就非得顺着这条道走不可。**物质欲望的背面就是经济成长，而物质欲望是永无止境的。**

日本已出现许多社会弊端，也无法适当控制经济成长的速度，而要中国和亚洲的经济成长停下来更不可能。阿拓认为，他们接下来会热心与日本企业合作，包含中小企业在内。假设中国现在每年有1 000万人出国旅游，预计到2010年会超过5 000万人，在这种情况下，应该有很多日本的旅行社想和中国旅行社合作。

此外，已经打进中国市场的日商希望雇用掌握日语的中国人，那么有意愿和当地日语学校缔结合作关系的日本人力公司应该也很多。照这样推测，希望和中国的设计公司合作，以便宜的费用制作设计图，或是和软件制作公司共同开发低价程序的日本公司也一定很多。像这样促进双方交流的事业，有很多合作的可能性。

阿拓设定这个与国外企业合作的支持服务，可以比照房屋中介公司的收益形态。就像不动产中介的买卖合约，中介公司从中收取佣金。如果交易成立，他们就收取营业额的 3% 作为手续费。阿拓之所以考虑收取佣金的方式，是因为万事达公司本身并没有雄厚的资本，直接投资当地公司的风险太大。与其增加营业收入或资产，不如彻底保障现金收入来得踏实。要实现这个合作支持服务，万事达必须和拥有中国及其他亚洲国家的企业信息的数据库公司合作。一开始，他以为与这些公司一定很难交涉，结果却意外地简单，只靠几次电子邮件的往返就谈妥了。过去企业之间谈合作，印象中必须出差好几次，还要通过律师交涉。现在变成以电子邮件往来，与国外企业的交易也快多了。

阿拓感叹，坐而论道不如身体力行。

另外，在酝酿这个合作支持服务的同时，阿拓还想到了另一个商机，那就是提供信息，介绍有关中小企业与中国成功交易的案例，或是提供希望能够打入日本市场的中国或亚洲各国企业的信息。他决定发行一本名为《亚洲投资/贸易信息来源》的定期订阅杂志。成立这个信息事业的理由在于，如果提供成功的案例，客户也会认真考虑与中国企业合作，结果就有可能连带利用这个合作支持服务了。

这本《亚洲投资/贸易信息来源》杂志提供了现有客户原来就希望获得的信息，所以从创刊当月开始就供不应求。另外，他们也发行电子报提供信息，后来甚至还出书。结果客户暴增，每个月的营业收入都呈倍数增长。原本公司的年营业额是 5 亿日元，光是这个年度，就几乎要超过 10 亿日元了。阿拓每次有新点子，都能击中目标。

万事达的成长气势已经无人能挡，连平常自律甚严的阿拓也有点飘飘然了。

警钟就是这个时候敲响的。职员接二连三地因为原因不明的梅尼尔氏症而倒下。公司里一片混乱，电话从早到晚响个不停。由于很多职员请病假，所以没几个客服人员可以接电话，总机永远都在忙线中。还有，洽询的电子邮件一天就超过 100 封。更具讽刺意味的是，如果传言一家公司最近相当忙碌，客户反而会增加。大家都以为忙碌就是获得好评，其实他们私底下堆积如山的问题，都是不为人知的。

又因为万事达原来的办公室空间不够，阿拓必须另外找地方租借，以致公司有几间小办公室分散在各地。才刚为了成立新办公室而沾沾自喜，他却马上发现各个办公室之间职员的沟通出乎意料的混乱。过去就算工作上出现什么失误，也都在阿拓的视线范围之内，他只要当场指示解决方法就可以了，但是现在单单失误的发生频率之高，已经超乎常理。阿拓想破头也想不通，这么基本的工作为什么也会发生错误。

过去，阿拓认为公司忙，多请几个人手就好了。可是业务一繁忙，就算聘了新员工，也没有时间好好培训他们。更何况还有很多人进来不到三个礼拜就离职了，人员的流动率相当高。公司里面批评老板的声音也越来越大。有人说"老板的打扮很俗"，还有人说"真受不了他的冷笑话"，而阿拓被批评的地方大多是一些和公司业务无关，或是根本无聊透顶的琐事。他甚至想训斥他们"不要太过分了"。

公司里最资深的里子努力安抚这些心生不满的职员。她拥有过人的责任感，就算自己压力大到眼看就要病倒，也还是硬着头皮打起精神。只是，她这么积极地站到第一线主持大局，并不代表她拥有足够的自信及领导地位。她身为阿拓的左右手，光是自己分内的工作就已经快要忙不过来了。

阿拓觉得身边没有一个值得信赖、能够完全托付工作的人。他感到精疲力竭，觉得自己好像在演独角戏一样。每个人的想法和价值观都不同，职员之间的沟通明显不足，阿拓这时候才惊觉会议的重要性。如果不趁现在把问题一口气解决，就没有前途可言了。阿拓决定每天早上举行早会，每个星期召开一次会议。可是，因为每天都有紧急情况要处理，就连决定开会的阿拓自己也无法出席。如果阿拓或阿亮不在，就没有人愿意主持会议。结果，最先破坏规则的就是老板自己。

在公司这种混乱的情况下，职员先后患梅尼尔氏症。因为太多人请假，没人能搞清楚到底谁负责什么事务。小失误加上不断延迟交货，使业务部门就算想冲业绩也力不从心。

阿拓和阿亮经常为这个问题讨论对策："阿拓，公司现在这样，我们没办法冲业绩，对客户也会造成困扰啊。"

阿拓必须承认自己判断失误。

"我没有想到会有这么多人陆续病倒，这是我对危机的应变考虑不周。"

"像上次录取的那个村上淳，他很会耍嘴皮子，可是根本不会做事。你放着这种没能力的职员不管，只会造成周围其他人的困扰。你也太仁慈了吧？没有工作能力的话，就应该早一点炒他鱿鱼。"

阿亮对部下的管理方式和阿拓不同，如果说阿亮是魔鬼上司，阿拓就是菩萨老板了。阿亮认为辞退一名无能的部下并没有什么大不了，但是阿拓却认为不是职员没有能力，是环境使他不能发挥出能力。

"阿亮，我懂你的意思，可是，公司的管理只以优秀职员为前提是行不通的吧？现在公司里每个职员都很优秀啊！神崎先生也这么说。他说如果将问题职员解雇，还是会有其他职员出现相同的问题。所以，解雇是不能从根本上解决问题的。"他嘴上这么说，其实心里还是持怀疑的态度，不太自信。阿亮也知道阿拓心虚，便说："又是神崎？他只会说大道理，如果照他说的就可以做出好成绩，那大家就不会这么辛苦啦。做生意不能靠知识，要靠直觉。你太依赖知识，决断力就会变得迟钝。你啊，被神崎先生感化，变得太好心了啦。我就是这么严格，部下才会一个个辞职。当上司一定要够狠，如果没有随时可以和部下厮杀的气势，他们就不把你看在眼里。顾问和职员，你到底信任谁啊？"

阿拓没有反驳，或者应该说他根本没办法反驳。阿亮是业务部门主管，在公司拥有绝对权威。公司有今天这样漂亮的营业收入成绩，都该归功于阿亮，公司与客户间的沟通全部都是阿亮手下的成员。业务部门里也有和阿亮处不来或拿不出业绩的人而怀恨辞职的。但留下来的却都认为阿亮是个照顾员工的好主管，也都很信任他。

"阿拓，你放心，我不会给公司造成负担的，业务方面我也会努力争取大宗订单的。今后如果业务上需要增聘人员支持时，你能不能给我随时录用的权限？不然哪天又有人病倒，就会耽误工作。"

"好啊，这样也算帮我一个大忙。"阿拓认为公司能够撑到今天，正是因为他们就算争执也能讨论出具有建设性意见。（还好身边有一个可以信任的工作伙伴。）阿拓一直都深信自己非常幸运。

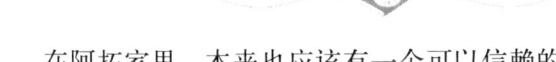

在阿拓家里，本来也应该有一个可以信赖的伴侣，但是他们现在却几乎没有对话的机会。阿拓认为跟友纪子诉说工作上的辛苦一点意义也没有，所以早就放弃了。而友纪子也觉得跟阿拓说带孩子的烦恼，他只会一脸不耐烦，几个回合下来，她也放弃了对丈夫倾吐孤单。这种不信任感一旦产生，就会在不知不觉中越来越强烈。表面上很平静，破坏的能量却不断地积存。

（啊，又熬过一天了。）深夜 11 点，阿拓回到家里，一屁股坐到沙发上。肚子很饿，不过他想先来瓶啤酒。阿拓打开在自动贩卖机买的易拉罐啤酒，咕咚咕咚地喝个痛快。最近阿拓喝啤酒不是为了庆祝什么，只是为了忘却工作上的辛劳。餐桌上没留任何饭菜。最近都是这样。阿拓的晚餐就是在便利店买的便当。他翻开晚报，这是一天当中唯一可以安安静静度过的时刻。当他将啤酒倒进杯子时，不小心将啤酒洒到了餐桌上。就在这个时候，友纪子哄孩子入睡后走出房门。她一看到餐桌上洒有啤酒马上就皱起眉头，很不高兴地责备阿拓。看来是她的针线活儿被啤酒弄湿了。

"哎呀，你怎么弄湿了嘛！这是明天新一幼儿园活动要用的！我辛辛苦苦做好了,被你弄成这样！"友纪子继续唠叨，"这么晚才回来，还喝什么啤酒！"

阿拓也忍不住了，他大叫道："你本来就不应该把东西放在那里吧？你只顾孩子，怎么不想想我？我下班回来已经累得半死，你连饭菜也不帮我准备。"

"我整天背着孩子做家务，我也快累倒了呀！还要照顾你？饶了我吧！"

一旦到了这种地步，夫妻双方都会变成最擅长伤害对方的天才。他们挑选的尖锐言词，会让你想不通为什么一对夫妻能够如此伤害彼此。最不该说出的话，从阿拓嘴里吐了出来："你还大言不惭，也不想想是谁赚钱养这个家的。"

"你说什么？要不是我在家帮你带孩子，你能出去工作吗？是你该感谢我让你出去工作吧！"

（我感谢你？你以为你是谁？）阿拓再也按捺不住，愤怒使他失去控制："带孩子本来就是母亲的工作，我还怀疑你有没有尽职尽责呢？上次我看到新一的大腿上有瘀伤，那是你打的吧？"

阿拓把一直压在心里的话说了出来。友纪子的情绪几乎崩溃："你说什么？你在指控我虐待孩子吗？原来你这么不相信我？"

"哼，相信你？我看你从来就没有替我想过。"

豆大的泪珠从友纪子眼中滑落。阿拓不理会友纪子，把自己关进房间里。门"砰"的一声关上后，家里恢复了平静，只是这种平静，与阿拓进门前的那种平静又是相区别的。阿拓和友纪子就像两座火山，将积压许久的岩浆一下子全爆发出来。虽然怒气需要宣泄，但是彼此发泄完后，阿拓选择躲进自己的"洞穴"，这其实是处理愤怒最糟糕的方式。

他仔细想想，从来没有人教过他愤怒的时候应该怎样处理。阿拓误以为应该要尽量压抑，这个错误的观念让怒气越积越多，到最后，爆发只是时间的问题。所以，一对夫妻与其一发不可收拾地大吵，不如多几次无伤大雅的小吵。小争执过后，维系夫妻关系的那条线会更坚固。阿拓却没有这种经验。阿拓一直不能原谅友纪子。（友纪子从来不肯认错，这次我一定要她向我道歉。）家里的气氛坏到了极点，他们夫妻就这样沉默地过了好几天。

阿拓不想和友纪子打照面，一大早就出门上班，为了忘记对友纪子的愤怒，他选择用工作来麻醉自己。不过，里子来找阿拓讨论业务的时候，她很敏感地觉察到他有些不一样。

"青岛先生，你的表情看起来很沉重呢，有什么烦恼吗？"

阿拓想避重就轻，但是独自承受这些又太痛苦。所以，他觉得不妨听听女性的意见。

"是这样的啦……"

阿拓告诉里子自己的太太说出"你该感谢我让你出去工作"这样的话，严重地伤害了他："她分明把我当提款机嘛！女人结了婚心里就都这么想吗？"

里子一时之间也不知道该怎么说才好，不过她觉得为了阿拓，应该实话实说。

"我就不可能这么说。我可是老公至上呢！不过，有没有孩子也是很大的因素，但是像现在，我和我老公都不会觉得自己给了对方出去工作的机会，我们彼此都觉得对方是自己最亲密的伴侣。"里子说着说着，表情也变得温柔起来。

说来奇怪，里子夫妻的收入大概只有阿拓收入的十分之一，但是他们互相信赖，每天都开开心心。阿拓收入少的时候，他们夫妻也很幸福。如果将收入的增加与家庭的幸福用图表来表示的话，就会呈现明显的反比。

"你太太爱你吗？"里子天真地问。

"爱？"阿拓想了又想，却不知道答案。里子这么一问，反而让他觉得自己好像从来没有被爱过。他再怎么想也没有结论。应该说，如果不能马上回答的话，或许那就是答案了。

那天晚上阿拓回到家时，看到家里灯都关着，一片漆黑。（友纪子今天也这么早睡？！）他打开大厅的门，只有一片诡异的寂静，气氛好像和平常不一样。他蹑手蹑脚地脱下西装，怕吵醒友纪子和孩子。（今天也没见到友纪子，已经四天了，她到底要倔强到什么时候？）

他看了餐桌一眼，发现一个信封。他将信封打开，里面有一张纸。上面写着"离婚协议书"。（不会吧？开什么玩笑！）他打开卧室门，才发现根本不用担心吵醒谁。妻子不在，孩子也不在。他开灯想看个清楚，还是半个人影也没有。

他打开衣橱，里面空无一物。空荡荡的不只是衣橱。这一刻，阿拓的心也开了一个大洞。一直到友纪子离家出走前，阿拓还觉得自己是个不错的男人。三十几岁就买了独栋房子，他以为只要有家，幸福就到手了。所以他努力工作，开源节流。他觉得这一切都是为了家人，可是，当他心目中的家完成的时候，住在里面的却只有他一个人了。

我这么拼命工作到底有什么意义？ 友纪子离家出走后，阿拓和彰子相会时，心里想的还是友纪子，结果一开始打得火热的感情，过了三个月就冷却了。后来连他自己都想不起来，当时怎么会开始这一段外遇的。阿拓和彰子的关系渐渐疏远，后来就干脆断了联络。阿拓的生活陷入前所未有的混乱。不回家是常有的事，但是每次进家门就会立刻检查电话录音机。如果显示有电话留言，他就会满心期待，心想或许是友纪子打来道歉的，结果却净是一些电话推销。

日子一天一天地过去，始终都没有妻子的留言。后来，阿拓养成习惯，每天回到家就一定去按电话录音机的按钮。就算没有妻子的留言，他还是可以听到她的声音。

"这里是青岛家，现在我们不在家，有事请留言……"是友纪子录的音。这句话在阿拓的脑海里盘旋。他一直保留着这段录音。

有一天晚上，电话响起。难得这么晚还有电话。（会不会是友纪子？）阿拓拿起话筒。

"阿拓。"是爸爸，那是他最不想听到的声音。父亲对阿拓很严格，对友纪子和新一却很好。

"友纪子写信告诉我她在娘家。你是怎么搞的？一定是你没出息，才会变成这样。现在你打算怎么办？"

（你问我打算怎么办？我还想问你我该怎么办。我根本没有离婚的念头，我以为吵一吵就算了，谁知道她会离家出走。）阿拓心里想这么大叫，但是父亲在电话另一端听到的只是一阵沉默。

"你有能耐就离婚试试看，我看你怎么向亲戚们解释。"

阿拓还是保持沉默，没有回答。（我没打算离婚。可是她说要离，我有什么办法？）

"你呀，开个什么公司，才会让友纪子跑掉。你们这样，对孩子也会有不好的影响，你到底明不明白？"

他早就习惯父亲批评公司了，无所谓，可是一听到父亲提起孩子，阿拓终于忍不住开始反驳了："你少在那里自命清高了，你又做过什么像个爸爸的事？"阿拓一开口就停不下来了，他从来没想过自己会这么说："你只会批评我，每次我要做什么，你就只会说不行，到现在我做过的任何事，没有一件得到你的认同。我没有走上歪路，已经是奇迹啦！"儿时的记忆随着他的怒吼一一被唤醒。父亲也不甘示弱："你说什么？我辛苦工作让你上好学校，过好日子，你知道吗？我可是为了你奉献出了我的一生，其他同事被裁员被调职，只有我还死守岗位。"

"谁稀罕上什么好学校，我也不用过什么好日子。爸爸你总是不在家，家里只有我和妈妈，妈妈永远心情不好，我每天都祈祷妈妈的心情可以好转。这种事，爸爸你都不知道，对不对？我曾经告诉过你好几次，可是你一次也没有听进去。"阿拓不禁流下了眼泪。（小时候，我就立志绝对不要像爸爸一样，可是我现在不就变得和他一样了吗？为什么会这样？）

父亲挂上电话后，阿拓的脑子还是一片混乱。他感觉自己一手开创的人生，其实只是坐在一条小船上，任凭混浊的大浪摆弄而已。阿拓认为这就是自己的弱点，他必须要更有自信、更成功，只要事业一帆风顺，他就能够掌控自己的人生。事业成功了，有了自由的时间，就可以和家人团圆。阿拓身陷迷宫，**他朝着有光的方向跑去。但是他越想靠近，光却离他越远。他以为找到了出口，却又回到了原来的地方。这个迷宫的出口到底在哪里，他怎么找也找不到。**

"什么？没有钱支付款项？前一阵子银行余额不是还超过一亿日元吗？"阿拓听到会计说银行存款不够时，还以为自己听错了。万事达的财务状况一直都很好，也从没发生过资金周转上的问题，可现在竟然陷入无法支付款项的窘境。友纪子离开家后，阿拓的运势就每况愈下。一开始他还不愿承认，但一下子发生了那么多事，他自己也不得不承认运气开始走下坡路。一连串的问题中，最严重的就是资金不足。

"你是不是弄错了呀？"阿拓因为情绪激动，声调稍微偏高，但他担心被其他职员听到，便赶紧压低音量。会计把银行存款簿的明细全部拿给阿拓看，还有资金周转预定表也显示本月底的银行余额少了2 000万日元，下个月则不足4 500万日元。白纸黑字，阿拓也无法否认。（难道我在走霉运了吗？）造成资金不足的原因有几个，不过其中最大笔的支出应该是投资在业务系统的6 000万日元。自从职员相继病倒以后，阿拓希望业务质量能不受职员能力所左右，因而引进了这个系统。

他打算开发可以在网络上进行营销、客户建档、业务处理、出货管理、月结算业务等整合作业的软件包。如果只买现成的软件，再根据万事达的需求扩张自订功能预算的话，大概只需500万日元预算。但他考虑到许多细节，最后认定开发原创功能的软件会更有效率。

他一口气编列了1 500万日元的预算，成立业务系统的开发项目。可是开发日期一再延迟，其间，万事达的业务内容也突然有变动，牵一发而动全身，使得预算大幅超支。软件开发好以后，试用的结果也不理想，又发现程序有缺陷。投资了6 000万日元开发的软件，结果却没有人会使用。虽然计算机屏幕上显示着业务系统，日常业务却还是使用会计软件，整个项目只能用"悲惨"二字来形容。

由于职员相继病倒，阿拓急着早日完成系统，便不顾一切地一掷千金。除此之外，万事达的原有主业——外文网页的制作，因为费用竞争对手的加入而急速下跌，公司的营业收入虽然呈现增加的局面，但是实际上并没有达到预算的毛利。阿拓只注意营业收入有没有增加，却没发现周转所需要的资金早就超过营业收入了。他必须承认自己判断失误，神崎应该也会说这就是成长期企业典型的营运问题。

不管怎么说，这个月月底不足的2 000万日元没办法用营业收入填补，只能从自己的储蓄中拨款了。阿拓刚买了房子，2 000万日元已经是上限。下个月的4 500万日元，就必须找银行进行融资了。阿拓心想，区区4 500万日元，银行应该不会太麻烦。可是俗话说："福无双至，祸不单行。"银行知道万事达现在业绩不佳，过去曾经鼓励阿拓至少贷2亿日元的承办员马上翻脸不认人，说这么突然，以现在的融资额来看，如果没有人担保就很难再追加了。阿拓向来期许自己可以做到无融资经营，所以一直都不太重视与银行搞好关系，现在只能自食其果了。

阿拓重新拟好事业计划书和资金周转预定表，再拿到银行，希望能以此获得融资。他刻意表现得泰然自若，说"别家银行也答应借我们呢"，这才与银行谈妥。只是银行提出一个条件，万事达的资历太短，必须请阿拓的父亲出面当保证人，银行才能答应借款。但父亲是阿拓最不想拜托的人，便与银行商量请求接受第三方保证。

所谓第三方保证，就是除亲戚外由借款人的朋友出面保证偿债。银行要求第三方保证的目的是借此判断借款人的人品，如果借款人无法偿债，法律规定保证人有义务偿还所有债务。但也有年薪300万日元的上班族当保证人的，银行实际上也很难要求对方偿债。因此一般来说，第三方保证其实只是银行为了确认经营者的人品是否值得信赖而已。阿拓想起了神崎。（只能拜托神崎兄了。）他犹豫许久才拨通了电话。

"我知道这是个很无理的请求。"

电话另一端一阵沉默，神崎迟迟不发一语。阿拓终于按捺不住，又继续说："真抱歉，我知道你已经帮了我很多……"

神崎其实是在思考，该怎么确定阿拓心里有所觉悟。过了一会儿，他问了一个问题，试探阿拓的反应："如果我不愿意当你的保证人，你怎么办？"

"我就拿我手上所有的名片，一一打电话问他们愿不愿意出面。"

"然后呢？"

"把房子卖掉。"

神崎已经在心里同意了。

"你说要打电话，现在都晚上10点了，会造成对方困扰的。而且你才买房子，又要卖掉，那友纪子岂不连家都归不得了？我有一个条件，如果你愿意接受的话……"

不管神崎提出什么条件，阿拓都会接受。

"好，我答应。"

"接下来半年，你要拼命努力，听从我的指示重整公司。"

"好的，我一定会努力。"阿拓满口答应，这才解决了资金周转的问题。他顿时觉得浑身无力。

公司的资金周转一旦发生问题，老板的时间就会全部用在寻找资金来源上，无暇打算下一步，这就会变成一种恶性循环。 经过这次事情，阿拓深感与银行强化关系的重要性，绝对不能再出现类似的事了。

隔天，阿拓拿公司的大印盖在了融资契约书上，总算勉强渡过了这个难关，贷款金额是5 000万日元。以公司现在的规模看，这个金额其实不算多，但阿拓想到要还这笔钱，就觉得肩上有无比沉重的压力。

神崎的恩情远远超过自己的亲人，这次又答应当融资保证人，没有一个会计师会愿意这么做的，阿拓心里对神崎充满了感激之情。（我绝对不能辜负他，半年内一定要还完这笔钱。）

合约签妥后，银行的经理对阿拓说："青岛先生，我想你也可以参考一下这个建议，我们有一个客户，说想买下万事达公司。"

阿拓对这突如其来的消息感到不解："是哪家公司？"

"是你们的竞争对手啦。"

"你是说，数威？"

银行经理既不点头肯定，也没有否认。有一段时间曾经传出数威业绩不佳的消息，后来他们推出了拿手的知识管理软件升级版，并且大获好评，股价也很快恢复到了原有的水平。最近数威频频买下相关企业，公司规模日益扩大，还积极投入广告宣传，甚至请来知名艺人拍摄电视广告。数威为了顺利推动他们的新事业，同行的领跑者、拥有大量客户的万事达，就变成他们的眼中钉。阿拓光是想象把公司让给大村，一股无名之火便油然而生。

"你是开玩笑的吧？我怎么可能把公司卖掉呢？"

"你也不用一口否定嘛！公司要是出现赤字，就得廉价出售了。趁行情还好的时候卖，或许还能得个好价钱。"

"他们打算出多少钱？"

"还没有到提出具体金额的地步啦。他们只是听说万事达最近周转不灵，要我转达这个意思而已。"

阿拓听了更加恼火："你别乱讲，我们公司哪有周转不灵！"

阿拓把文件收进公文包，准备回公司。（可是，数威从哪里听说我们周转不灵？这次资金短缺的事，也只有极少部分的职员知道啊……）

阿拓不想再思考这个问题。这时候的他还不能想象，数威想并购万事达的事，其实不只是单纯的传言。

神崎要阿拓在半年内竭尽所能重整公司，阿拓赶忙到神崎的办公室去，与他商讨今后发展的具体计划。过去他们都是约在外面，边喝酒边谈，这次是阿拓第一次到神崎的公司。神崎的办公室在东京市中心的一栋大楼里，从窗外望去，可以看见围绕都城的护城河。阿拓以为神崎用的是像外商公司总裁的那种皮椅和英式深色木质办公桌，而结果他发现他的办公室是意外的朴素。

阿拓一走进神崎的公司，就觉得有一种自然的气氛。他好奇地看看四周，发现办公室里摆了很多观叶植物，枫木制的白色办公桌和书架，还有流水。与其说这是一间办公室，还不如说是家里一个很舒适的房间。

阿拓来到这个令人放松的空间，却是战战兢兢。（半年要把这5 000万日元的贷款还完才行。）阿拓心想，绝对不能辜负神崎的恩情，这半年一定要想办法把钱赚回来。他绞尽脑汁思考该怎么增加营业收入。神崎泰然自若的神情，刚好和阿拓形成鲜明的对比。

"喂喂，神经不用绷得那么紧嘛！全身好像一触即发似的。这样是想不出好办法的！"

听神崎这么一说，原本处于备战状态的阿拓顿时放松了许多。

"我只有半年的时间啊。"

"努力是半年，不努力也是半年，你只要做好该做的事就可以了。你觉得自己该做些什么呢？"

"增加营业收入啊。现在最有商机的还是信息业，我打算加强营销业务。"

"只拼这一项的话，会更辛苦哦。"

增加营业收入会更辛苦？这完全违背了常理，阿拓听得一头雾水。

"万事达的营业收入和前一年相比增长了两倍，但是现金却少了，这表示你的管理像一个筛子，你往筛子里倒两倍的水，水还是一样会漏光。"

阿拓觉得被刺到了痛处。上班时代他隶属信息系统部门，自以为很清楚系统管理的重要性。但是等自己当上老板后，却一心一意只在乎营业收入，而忽略了管理。

神崎继续说："不管是每年增加两倍营业收入的快速成长公司，还是脚踏实地的稳定成长公司，创业四年后，有八成都会面临管理上的问题。你的公司也是一样陷在管理问题里。这个时候最重要的不是拼业绩，而是建立一个有效率的管理小组。"

阿拓对于管理小组一点头绪也没有。万事达原本就是从小公司起家的，阿拓从来就不觉得官僚性的组织有什么价值。阿拓认为在扁平式组织下，老板和职员直接沟通，才能迅速管理好公司。

阿拓问："你说管理上的问题，是什么样的问题？"

"职员经常请病假或迟到、职员流动率高、送货的问题、收不到应收账款、产品质量降低、职员缺乏道德心、对老板不满、谋反或出走……"

神崎所提到的，可以说就是万事达现在所面临的问题。

"这根本就是我们公司现在的写照。可为什么会变成这样呢？"

"现在的这个时期可以说是第二个创业期，正是公司改头换面的时候。"

神崎拿笔在纸上画了一个成长曲线。他总是用成长曲线来说明问题，足见这对经营管理来说是多么重要。

"你现在正面临家业转变为企业的时刻。公司规模还小时，你可以一个人经营，公司就算有部下你应该也没同事。你可以全天候、365天做你想做的事。公司里发生的任何事你都可以一目了然。

"即使发生问题，顾客也都知道你很尽心尽力地在做，多半不会计较。尤其是导入期的客户，他们给创业者很大的助力。因为他们喜欢新奇的东西，就算质量不太稳定、价钱昂贵，还是愿意签约。所以这个时候最重要的是建立一套办法让自己可以认真做喜欢的事，又可以借此提高利润。基本上这样就够了。

"这套办法成功的话，你做自己喜欢的事，还有钱赚，全天候工作也不嫌辛苦，又能取悦客户。生活虽然忙碌，却很充实。公司里没有什么特别的规矩，也几乎不用开会，连组织图都没有。勉强说有，也不过是老板下面一票职员，称不上组织。这个时期只要做好业绩，公司就能够运营。"

阿拓回顾过去三年，的确就像神崎所说的那样。

"这个阶段就是家业啰？"

"对。所谓家业，就是以一个家族为中心营运的公司。职员人数顶多十来个吧！日本几乎所有的公司都是这种规模。相对于家业，企业必须要有一个完整的经营管理系统，由管理小组来营运。"

阿拓进一步追问："家业变成企业的话，会有什么不同吗？"

"游戏规则完全不同了。以前你只要尽力做好喜欢做的事，但公司规模变大后，员工就会增加。家业阶段时，老板掌握一切，有问题老板出面解决就可以了。可员工人数一多，老板就无法深入现场，过去他以为理所当然的事，下面的人却不见得会依照老板的预期去处理。"

"我们公司也有这种情形。以前我们一定会遵守交货日期，可是后来都没办法如期交货。送货的时候，底下的人也都随便检查。业务那边以前都会详细了解客户的条件后才开出估价单，现在却只想赶快做成生意而随便交差。都是一些很单纯的事，我实在不懂为什么做不好，真的很让人生气。"

"这是初期的警报，如果你置之不理，压力就会慢慢积累，造成职员经常生病、请假。老板没注意到警报，又要求扩展业绩，就会陷入更糟糕的状况。职员开始对公司不忠、挪用资金，财务突然周转不灵，经营者发生意外事故或生病，等等。很多人到了这种地步，才急着解决问题，结果都是事倍功半，老板也很难掌控公司。"

神崎脸上浮现的笑容一闪即逝。

"一不留神就会铸成大错。老板是没办法紧急刹车的。"

这段冷笑话听得阿拓一愣一愣的，虽然他知道神崎是要他先缓和紧张的情绪。

阿拓看着神崎画的成长曲线，注意到了一件事："万事达现在刚好在这个曲线的转角,这时加速的话就会碰壁。"

"没错,能不能顺利通过这个转角,对公司是相当大的考验。刚才我说到第二创业期,这个时期是很重要的。过去都是老板掌握主导权,接下来公司必须要有一套组织管理体制,所以我说是从家业转变为企业,也可说是从幼虫变成蝴蝶前的蛹。"

阿拓想到今后能否化身为蝴蝶,顿时恍然大悟。

"所以说,并不是我没有经营能力啰!"

"嗯,你其实做得不错了。从来不曾碰到障碍、一直一帆风顺的经营者反而是例外。就像我刚刚说的,有八成的创业者都会陷入同一个模式的陷阱,虽然他们都以为自己是一个特殊个案。

"日本的公司90%以上都是年营业额10亿日元以下的零星小企业。这是因为第二创业期是一个相当大的难关。一家年营业额8亿日元的公司,一旦设定明年的业绩冲上10亿日元时,就会产生很多问题,结果年收入反而倒退为6亿日元。你以为登上了山顶,接下来却又跌到了谷底。很多经营者奋斗到年老气衰、气力用尽,也没有办法摆脱这个模式。"

"因为他们不知道这其实有模式可循。"

"对,不知道这个模式,就没有办法摆脱,因为他本人根本没有发现其实是同样的问题一直在重复。我会告诉你怎么摆脱,这种事没必要经历两三次,一次就够了。"

阿拓真的很庆幸能够遇到神崎这样一个好老师。

"在这个蝶蛹的时期,我应该怎么做才能化身为蝶?"

"就是将管理系统化啊。"

这个回答让阿拓很失望,因为他已经着手尝试过了。

"我花了6 000万日元开发管理系统啊!所以我才必须融资啊。而且我花了这么多钱却根本起不了作用,就像把钱丢到水沟里一样。"

神崎并没有安慰阿拓。

"你知道为什么会这样吗？这也是一种典型的模式。你有心把工作系统化，可是原本的工作形态就不合理，又缺乏效率，你为了将这种没有效率的工作程序自动化而引进计算机系统，结果就等于把一个傻瓜做的事自动化，加快做傻事的速度。简单来说，就是制造了一个超强的傻瓜，所以这几年才会发生这么大的问题。"

阿拓听到自己为傻瓜加速，也只能苦笑。

"我们公司也是一样的情形，仔细想一想，由于系统错误导致事务性失误频频发生，员工们因为这样压力过大，才会常常请假。"

"对，不过你们公司情况更糟，已有三人患梅尼尔氏症倒下了？"

"是啊。"

"你知道为什么上班会有这么大的压力吗？"

阿拓摇摇头。公司的确对员工造成压力，但是员工都是朝九晚五，他实在不认为压力大到足以使他们病倒。（神崎知道答案吗？）阿拓等着神崎继续说下去。

"其实，不只是你们公司发生了这个问题。这个问题发生的频率越来越高，不过还不太有人清楚它的严重性。我接下来要说的，你可能刚开始会觉得和管理系统化扯不上关系，不过这真的很重要，我先说明这个问题好了。"

"劳烦你赐教了，因为我心里也一直记挂着这件事。"

"最基本的原因，在于客户的申诉已经在本质上有了变化，但是公司却没有掌握到这一点。不只是梅尼尔氏症哦，如果你去巡视客服电话部门，应该还有一些人出现了其他的症状，比如说鬼剃头、忧郁症。他们只是没有表现出来，我想人数应该不少。"

"你说客户申诉的本质有变化？是什么意思？"

"不久前，客户的申诉大多是以商品为中心，像是质量不好或是不懂使用方法，等等。这一类的申诉，只要接受退货，或是告诉他们使用方法就可以了，对应答的员工并不会造成精神上的伤害。但是现在的申诉并不是针对商品，而是客户认为自己没有受到重视。

"对于觉得不受重视的客户，客服人员如果还是照本宣科的话，对方会觉得被敷衍，反而更加生气。客户便会直接辱骂客服小姐，这时候他们的目的是要伤害对方，选择的字眼一定都很恶毒，因为他们正通过电话发泄愤怒的情绪。

"再者，他们的愤怒并不一定是针对商品，有的时候是由别的事情引发的。比如说稍有年纪的男性对女性客服人员申诉时，会把自己对女儿的怒气转嫁到客服人员身上。又或者女性客户，她们也会转嫁对丈夫的怒气。当然啦，客户自己是毫无察觉的。

"愤怒这东西一定要靠行动才能得以发泄，客服人员就必须承受这些愤怒。在你们公司，把客户当神的观念一定根深蒂固，职员承受的怒气没办法在公司发泄出来，只好带回家里。"

阿拓明白在公司或家里发泄怒气的道理，觉得不寒而栗。这又是经营与家庭密不可分的关系。

"神崎兄，这可就不妙了，他们把怒气带回家，就会找弱者，也就是找小孩来发泄？"

"嗯，有的人立场比较弱的话，也会把气出在丈夫身上，或者出在自己身上。把气发泄在自己身上的，就会不想上班，无意识地为自己找不去上班的正当理由，那就是生病啰。"

阿拓像被当头棒喝，可是打击还不止这些。

"这种心病的特征，就是有人因病辞职或痊愈后就换其他人生病。能辞职的人算是幸运的了。为了生活不得不工作的人，即使继续上班会加重病情，也还得硬着头皮。有些临床心理学家，称这种现象叫做'场所的病'。"

"场所的病？"

"这跟我上次列举家庭的例子一样啊，夫妻感情不好，孩子就会希望家庭恢复原来的平衡，有的孩子变得很乖，有的孩子就变坏。

如果坏孩子不见了，就换好孩子变坏。这种情形在公司也会发生，有人病好了，就会换其他人继续生病，他们的潜意识是想凝聚公司的向心力。团体里的成员之间，会彼此取得一个平衡。"

这实在令人难以接受。生病应该是个人内在的原因造成的，神崎却说是场所本身生了病，通过其中的成员表现出症状。阿拓试图换个角度来理解这个问题。

"以前大家都以为，只要每个人表现良好，公司就可以得到良性发展，就像一台计算机的功能升级那样。可是如果人多起来，形成群体的话，就像每部计算机必须靠网络才能相互联系。"

阿拓说着随手画下了他心里所想的画面。这时，神崎才觉得他开了窍。

"哦，阿拓，你比喻得很好，就是这么一回事。就像全家人的感情是连结在一起的，员工之间也会产生这样的联系。大家在同一条船上，顺着成长曲线，一起为达成公司的目的而努力。但是眼看着没办法顺利渡过成长曲线的转角，担忧就会转化成各种警报了。"

阿拓一直以为经营就像开动一部机器一样，但是听了神崎的分析以后，他感到一个企业其实是个结合了许多有机质的生命体。

"照神崎兄你所说的，经营不是靠每个人合理的判断来推动，而是大家聚集在一起自然创造出一个情感的空间，成员无意识地在这个空间里运作。这么解释的话，许多问题就可以迎刃而解了。只是，MBA的企管理论完全没有办法说明这种事，提出这种论调的人大概也会被当成怪胎吧？"

"可能会被骂作'胡说八道'吧！将心理学应用在组织上，很多过去看不见的问题，都可以一目了然。不过，说句老实话，我现在说的这种因果关系，理论上是没办法证明的，而且等到证明出来就太晚了。现在已经有很多职员、经营者以及他们的家人在承受相同的痛苦，所以我认为与其花工夫证明我的论调，还不如把这个观念与更多人分享,大家一起解决问题,才是目前最紧要的事。"神崎的语气充满了热情,看得出来他对这个问题非常关心。不过,他马上又把话题转回阿拓的公司。

"阿拓,这些观念也是公司破茧而出的必要条件。"

"哪些观念?你可以说得更具体一点吗?"

"我的意思是说,经营的软件也有必要系统化。在推动硬件的事务流程系统化时,也必须要有能照顾到员工和客户情绪的柔性对策。比方说面对客户申诉时,应该要有如何应答之类的实战手册。"

阿拓想:如果不马上改变应对申诉的方法,员工可能又会受到伤害。他继续向神崎追问:"神崎兄,你刚刚提到客户申诉是希望自己能够更受重视,像这种情形,应该要如何应对呢?"

"哦,对,如果不明白其中的道理,就没有办法处理了。首先,你应该建立一个新观念:对方之所以用这么多辛辣的字眼,是因为他对你的公司抱有热切的期许。你应该感谢对方,安抚他的情绪。以你们公司为例,可以这么应答:'今天承蒙你的指教,想必贵公司一定相当积极地投入外销事业。真是非常感谢!'

"然后是询问对方所有的不满,这时可以说:'我可以知道详情吗?'当对方说出心中感到愤怒的事,有些可能明明是误会,或根本是对方自己的错,即使如此,也绝对不能够打断对方,这可是大忌。因为只要你一插嘴他就会觉得自己被否定,这无疑是火上浇油。

"当你觉得对方的怒气已发泄完,记得再补一句:'请问还有其他让你感到不满的事吗?'这样能使对方的怒气完全发泄,一扫而空。

"对方因为有人听他诉说自己的愤怒,应该会相当地满意。这时,客服人员必须得再问一个关键性的问题:'请问什么样的情况才能让你满意呢?'

"通常日本的公司都会这么问:'请问我们该怎么做,你才会接受呢?'这两句话有很大的不同。'什么样的情况才能让你满意',对方可以具体想象令他满意的状况。但是'我们该怎么做,你才会接受'的话,听起来就是公司以自己有错为前提,希望对方能够让步。

"如果能这样小心应对的话,应该就可以顺利安抚那种希望自己能够得到重视的客户。"

阿拓一字不漏地做好笔记,打算回公司后交代里子改进。

"我懂了,这些重要的事项,甚至是对外的遣词用句,都必须全公司统一形式才行。公司全体人员都要认为这是理所当然的。"

神崎笑着点点头:"对,这就是公司软件方面的制度。"

解锦囊,探妙计

神崎继续谈管理。

"你觉得大部分公司碰到管理上的问题时,会怎么做?"

"嗯……公司里面一片混乱,老板觉得理应如此的常识,员工却不见得认同。上下想法不一致,老板一定压力很大,所以他会设立一些规则。为了彻底实行这些规则,首先就是召开会议。"

"对,大部分企业在这个阶段都有一些'应该论'。领导者应该这样这样、有潜力的人才应该那样那样之类,然后订下一些规则来实行这些理论。规则订好后你知道最先破坏规则的是谁吗?"

"最先不出席会议的就是老板,所以第一个破坏规则的也就是老板了?"

"对,规矩是增加了,但是没人去执行,马上就变得有名无实。"

阿拓觉得自己被刮了顿胡子,感觉很难堪。他提出别的疑问,想转移话题:"我想或许可以针对干部举办员工研习班,这应该有助于改善内部管理,你觉得如何?"

"员工训练固然重要,但如果只为了暂时提高士气而举办研习班,这就见仁见智了。就算士气提高了,也只是暂时性的,过一两个礼拜又会恢复原状。所以必须要定期打强心针才行。只是暂时改善个别计算机的功能，并不能让网络连接的所有的计算机都发挥作用。"

"公司出现混乱的时候，是不是也可以解雇能力不足的员工，增聘优秀的员工？"阿拓拿出阿亮认为应该积极雇用优秀人才的论调征求神崎的意见。

"员工是老板的镜子，员工问题的浮现是在凸显老板工作的缺失。公司里所聚集的成员都是最适合这个工作的人选，所以如果不改善工作场所本身，同样的问题会一直发生。

"还有，一家公司如果形成了没能力就解雇的文化，员工也会反过来因为不满意公司的奖金而随意辞职，建立起彼此剥夺的文化。当然，也会有人因为对经营形态的看法不同而反驳。不过我认为，一家公司一旦拥有这种剥夺他人的文化，还能有什么发展呢？"

听到这里，阿拓觉得神崎的经营理念属于菩萨型。对于经营理念的争议总是众说纷纭，有人觉得魔鬼型好，有人认为菩萨型才对。阿拓一直摇摆不定，不知该选哪一边。他干脆直截了当地问神崎："我常听到魔鬼型管理、菩萨型管理，神崎兄是不是觉得菩萨型比较好？"

"是啊，不过魔鬼型也比没有原则好。最糟的就是既不是魔鬼也不是菩萨的公司。"

"啊，我的公司就是这样，对吧？"

阿拓苦笑着。神崎很高兴阿拓终于明白了，他继续说："魔鬼式经营在企业高速成长期非常有效率。在高速成长期，顾客的需求已经存在，最重要的是怎样有效率地销售。只要有大量员工可以一个口令一个动作、仔细又快速地照表操课，就可以提高效率。

"但最近的研究发现，魔鬼式经营象征着军事化管理，经常处在充满紧张、恐惧感的环境下，人的脑波会释放 β 波[①]。如果站在一

[①] β 波，14Hz以上的脑波，对积极的注意力和认知行为的发育有关键作用。——译者注

大群人从事同一件工作的观点上,是很有效率,但个人的学习能力就会降低,很难发挥创造力。人在安全、放松的环境下,脑波会发出 α 波,可以提高学习效率,创造力也会增强。"

"现在这个时代,要提高业绩就必须唤起客户的购买欲望。也就是说,你必须要有激发顾客购买欲望的能力才行,所以菩萨型经营比较适合现今时代。不过虽说是菩萨型,也不是一味地和善,还是要有一套严谨的规则才行。"

听神崎说到同时需要和善与规则,阿拓才恍然大悟。(原来如此,魔鬼型和菩萨型不是二选一的极端型选择,而是菩萨型里还是要有一点魔鬼的部分啊。)阿拓一直为了管理上该采用魔鬼型还是菩萨型而摇摆不定,但是他现在找到了方向。

"神崎兄,我一直以为自己在经营一家公司,但我根本什么都没考虑过。现在万事达需要的不是提高业绩的能力,而是内部管理的能力。"

"对,这不是你个人的问题,你的课题就是建立一个团队来管理公司。现在公司正值成长期,业绩方面就算什么都不做,我想也还可以撑个一两年。不过在进入成熟期以前,如果公司的业务没有办法靠团队来推动的话,营业收入几乎不可能继续增加了。"

"我该从哪里着手建立推动公司业务的团队呢?"

"嗯,我就是想教你怎么做,你来找我当你的保证人时,我才会提出附带条件的。"神崎说着,又拿起笔来。他画了一座金字塔,写下:

步骤1　建立基础1:母亲;

步骤2　建立基础2:父亲;

步骤3　建立团队体制。

"这其实是很简单的工作。虽然还有很多种解决困难的方法,不过，你只有半年的时间，我想你只需要学一种花费工夫最少、能在最短时间内确实得到最大效果的方法。这个方法简单到你可能会觉得很失望，不过却非常有效。"

"再厉害的方法，如果不能马上实践的话也没有任何意义。"

"嗯，你听好，要培育一个优秀的团队，和养育孩子是一样的道理。你不喂他吃饱，就要他练习爬，这孩子是不会好好成长的。每件事都必须按部就班进行才行，这一点非常重要。团队也是一样，你不按照顺序来培育，花再多的时间，它也成不了气候。"

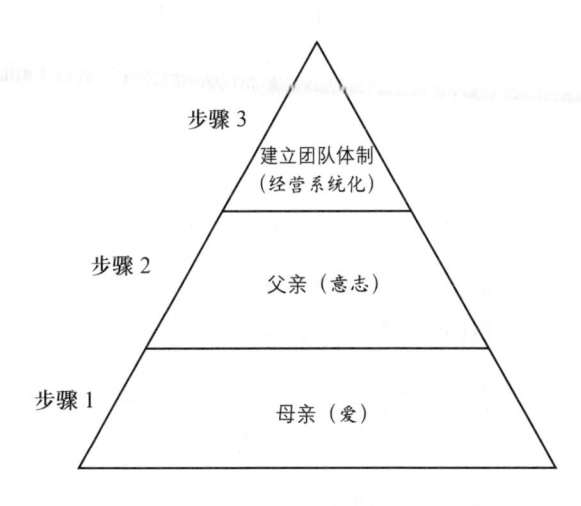

```
                    步骤 3
              建立团队体制
              (经营系统化)

         步骤 2
              父亲（意志）

    步骤 1
              母亲（爱）
```

图 3.1　团队组织建立金字塔

阿拓一直都把教养孩子的事交给妻子去处理，现在听神崎说培养组织和教孩子一样，他还是不能明白其中的道理。神崎也察觉阿拓的表情似懂非懂，他便换个说法："教孩子不能一下子就对他严厉要求。首先是母亲毫无条件地付出所有的爱，到了孩子五六岁的时候，再由父亲来教他社会生活的困难。孩子得到母亲充分的爱，就会觉得自己是很安全的。你如果不为孩子创造一个可以信任的环境，不管你再怎么严格管教都没有用。第一是母亲的爱，然后才是父亲的管教，这个顺序非常重要。

"这个顺序是理所当然的，但是对于没有带孩子经验的男性来说，他想在公司里建立一个团队，却可能反其道而行。公司一发生混乱，他就先订下一些规矩来规范员工。"

"原来如此，所有的公司都采取军事化管理，可是这么做并不能改变混乱的局面，所以不管花多长时间，都没办法组织好一个团队。"

"对，因为他们没有打好基础。父亲的管教如果不是建立在母亲的爱的基础上，这个建立起来的团队就不稳固。"

"这个概念我懂了，具体的做法又是如何呢？"

神崎的表情像个孩子一样，他高兴地继续往下说："我也和你一样，曾经为组织的问题烦恼不已。当时我找遍全世界各种能够立即见效的管理模式，终于找到一个很简单的方法，半年后，你就会看到公司的改变。

"首先你拿一个球来，玩一个很简单的游戏，这个游戏叫做 Good & New。这是美国一位教育学家彼得·克莱恩（Peter Clain）开发出来的，它可以让组织的成员在短期内就变得乐观进取。快的话，我想三天就可以看到些许变化了。我这里有一个橡胶彩球。"神崎拿起桌上一个塑料丝做成的彩球，丢给阿拓。

图 3.2　橡胶丝球 (Koosh Ball)

"最多 6 人一队,拿到球的人要简单说出 24 小时内所发生过的好事或新鲜事。他说完后,其他人就要鼓掌,然后球便传给下一个人,依此类推。每天都要玩这个游戏,每个人大概要说 1 分多钟,6 个人就差不多 10 分钟。光是做这个游戏,公司就会开始有所改变。"

阿拓觉得莫名奇妙。他来请教神崎有关建立组织和管理系统化的问题,原本期待神崎告诉他该如何激发员工的工作意愿,或是业绩的目标设定与制定管理、薪资的规则等,没想到神崎丢给他一个怪球,还叫他玩游戏。

"请等一下,就这样?"

"是啊。"

"难道不需要目标管理或制定薪资规则这些管理方法吗?"

"当然要啊,只是在这之前还有很多重要的事要做。你觉得目标管理和制定薪资规则是属于母亲还是父亲的职责?"

阿拓这才发现自己又弄错顺序了。

"父亲。"

"是啊,所以还得再等等。况且小规模的公司或部门,甚至不必等到那时候,团队就会自己动起来了。"

神崎看阿拓好像还不太能接受,就继续说:"你一定怀疑这个游戏怎么能够改变组织,对不对?"

"啊,被你看出来了。"

"这个游戏虽然看起来简单,却是为了让人变得乐观进取而想出来的方法呢!原本克莱恩老师的目的,是要帮助经常发生校园暴力的学校在短期内建立一个安全的学习环境。美国的校园暴力和日本差别可大了,带枪带刀上学都不算稀奇。这个方法就是用在这种学校的学生身上,让他们短期之内就变得乐观进取,很有效呢。"

阿拓还是不能理解。"神崎兄,我还是不懂……为什么说好事或新鲜事就可以消弭校园暴力,让整个组织都变得乐观进取呢?"

"那我再说得详细一点。这个游戏其实是要让组织成员习惯心理学上的'重塑'①。**人都会说幸福或不幸,但是其实没有一定幸福或是一定不幸的事,只不过同一件事,有人可以解释为幸福,有人则解释为不幸而已。**比如大雨过后,有人看到的是泥泞道路,觉得'我怎么这么不幸';有人则看到天空的彩虹,觉得'我真是太幸福了'。其实是一样的状况,但解释的角度却完全相反。凡事都是一体两面,就看你是正面思考,还是负面思考了。在公司里,培养员工凡事都正面思考的习惯是很重要的。比如有竞争对手加入市场抢生意,从负面角度看,价格会下跌,市场份额会被夺走。可是从正面角度来看,对手会投资广告,商品的知名度就会提高,销售就更容易了。一个组织里负面思考的人多的话,当然就很难有所创新。所以不管发生什么事,都要养成凡事正面思考的习惯,并让它成为公司的文化。"

的确,万事达的员工每天都承受着很大的精神压力,大多倾向负面思考。阿拓也开始觉得这是一个好方法,可以帮助员工重新找回平衡点。他请神崎说得再具体一些。

"所谓的好事、新鲜事,都是哪些事呢?"

"什么都好,和工作无关的事也可以。昨天的电影很感人,今天早上搭公交车有位子坐,今天解决了一个烦恼好久的问题,等等。陈述一件好事或新鲜事,比较容易引发心中的热情,也可以带给其他人欢笑。既可以促进彼此的了解,还可以一扫阴霾,让周围的气氛变得开朗,活跃起来。"

"可是,为什么要用这个球呢?"

"我一开始也不懂。你也可以不拿球试试看,结果大家都会变得很僵硬,说不出话来。他们大概都会头低低的,把手放在前面。换句话说,就是采取自我保护的姿势。以这样的姿势说出来的,只会是一些不着边际的事情。

---

① Reframing,意指通过特定的说话模式,深层改变对自我的看法,重新理解本来给予负面认知的事物,将它变成正面的原动力。——译者注

"不过如果拿着球,身体就自然放松了。你应该知道身体和情绪是一致的。你试试挺起胸膛,头向上仰,然后说'人生真是糟透了'。"

阿拓照神崎说的喊了一声"人生真是糟透了",声音却精神抖擞。

"哈哈哈,一点都不觉得人生糟透了呢!"

"是不是?一样的道理,你手里拿着这个球时,身体的感觉就会改变。大部分人拿了这个球就放在手里把玩,滚一滚,往上丢,人的身体一放松,情绪也会跟着放松,真的就会净挑一些开心的事情与人分享。"

身体改变,情绪就会跟着改变。这个把焦点放在员工情绪上的管理法,让阿拓觉得很新鲜。过去,他觉得用理性的规则和权威来管理员工是很正常的事。但现在仔细想想,创造组织的是人,不考虑人的情绪就想推动组织,这个想法本身就不近情理。

"还有,这个球的颜色很鲜艳,颜色可以刺激右脑,提高学习效率,加速教育效果。公司的效率,说穿了就是看员工能不能快速发挥创造力。所以,有什么比给他们一个可以快速学习的环境更好的办法呢?这个 Good & New 游戏,也能帮你建立这样的学习环境。"

刚开始阿拓还很失望,现在他对这个游戏的看法却完全改变了。

"这个球看似简单,其实包含了重塑法、身体和情绪的脑科学知识,还有加速教育的原则?"

神崎满意地点点头:"**真正有效的东西,形式反而都很简单。**与其在早会的时候对员工训话,还不如花个十分钟玩一下 Good & New 的游戏来得更有效。刚开始的时候,有些人可能会不习惯,会发发牢骚什么的,慢慢地他们就会发现其中的乐趣。"

阿拓听了神崎的说明,觉得这个方法真的很简单,自己也应该有信心做得到。

"不一定要用这个球,你也可以找别的球来代替,这个就送你了。"

"谢谢!我回去就马上试试看。"

神崎还有一个让团队成员彼此信赖的好方法。

"还有，我再教你一个好方法，可以马上缓和尴尬的气氛。"

"哦，我们公司也很需要。"

"这也是彼得·克莱恩想出来的游戏，叫做'肯定之环'(Validation Circle)。借着这个游戏可以告诉大家，团队里的每一个成员都是很重要的。你觉得员工在什么时候士气会降到最低？"

"自己不被认可的时候吧？"

"对，一个员工之所以会辞职，就是因为他觉得在公司里没有自己的容身之处。定期召集员工，要他们互相肯定彼此对公司的重要性是很重要的。比方说，挑选某些纪念日，给他们互相表达的机会。你可以这么说：'很荣幸能够和某某一起工作，因为……'接着要完成这个句子。以阿拓你为例好了。"

神崎挺直身子正襟危坐，面对阿拓，直视他的眼睛，认真地说："真的很荣幸能够和阿拓一起工作，因为借着把我的经验分享给他，我也跟着一起成长。"

神崎说完后，还注视了阿拓好一会儿。阿拓觉得很不好意思，同时心里却涌上一股暖流，感动莫名。他向神崎深深鞠了一躬。

"你心里是什么感觉？"

"我觉得胸口一股暖流突然涌上来。平常从没人对我这么说。"

"这个'肯定之环'用在生日时也很有效，因此也有人叫它'生日之环'。"

"怎么做呢？"

"跟刚才差不多，只是稍微改变一下：'真的很高兴你诞生到这个世界，因为……'你觉得怎么样？"

"这个蛮难为情的。"

"就是难为情才有效啊！你会觉得难为情，是因为平常都没有人肯定你的存在。我试给你看。"

神崎又正对着阿拓:"真的很高兴阿拓诞生到这个世界,因为他吃苦耐劳,勇敢推动事业,我才有机会和各种领域的人有所接触。"

阿拓红了眼眶,顿时觉得自己好像被紧紧拥抱,有一种安全感。他终于理解了神崎何以强调母性活动的重要。

"你心里是什么感觉?"

"我觉得我的存在得到了认可,觉得这里是我的容身之处,我可以在这里自由发挥。"

"对,当你的员工心里有这种感觉的时候,他们就能看出工作的意义。只要觉得工作有意义,上班就不只是追求收入,还可以发挥更大的创造力。"

阿拓现在才发现把焦点放在员工情绪上的必要性和重要性。人少时员工自然是一条心,但随着公司成长,大家都不知不觉地在心里筑了一道墙。现在他知道该怎么打破那道墙,让大家的心再度团结在一起了。

"好了,第一阶段的说明就到此为止。你要改革团队,首先必须在团队中注入母亲的爱,团队成员之间就会建立起信赖关系。还记得下一步吗?"

"嗯,下一步就是父亲的意志力,即彻底实行在社会上求生存的规则。"

"这一步也不需要任何花费,谁都办得到。我教你一个可以简单、持续的方法,这个方法也很有效,叫做 Credo。我在自己公司也用过这个方法,我觉得公司可以改变这么多,有八成都是因为采用它的原因。这个方法可以说肯定奏效。"

"Credo 是什么?"

"Credo 是'信条'的意思,算是公司的宪法。就是把公司一些要求员工绝对遵守的事项以条例形式写出来。我直接拿给你看吧!"神崎说着拿出一张名片大小的卡片给阿拓。打开卡片,只见里面写得密密麻麻的。

"Credo 的内容，汇整了丽兹卡尔顿酒店①的价值观与哲学，因为效果实在太好，现在有很多公司都开始效仿他们的做法。丽兹卡尔顿酒店在精品酒店里规模并不算大，他们卓越的服务却在全世界受到好评。

"我举个例子，比方说你在这个饭店里询问该如何到达某个目的地，工作人员并不只是告诉你该怎么走，甚至会直接带你到那个地方，这是他们的原则。从清洁人员到老板，全世界丽兹卡尔顿集团的工作人员都会做同样的事。如果有电话，铃响三次之前，他们就会面带笑容地接起电话，这也是全世界丽兹卡尔顿集团的员工一致的行为准则。他们培育人才成功的秘密，就在这张卡片里。"

阿拓再次仔细端详手上的信条卡，上面所写的内容，连很细微的行动都加以规范，这和一般公司的理念大相径庭，它让阿拓吃惊不小。

"丽兹卡尔顿酒店每天都召开类似早会的小型会议，他们称做Lineup。在会议中，他们从信条卡上的20个项目中抽取一项拿来讨论，彻底依照这20个项目教育员工，直到整个组织都能无意识地依照信条行动为止。"

"整个组织都无意识地行动，就意味着主管不用重复交代同样的工作啰！我的员工说好几次还记不住。我总是为了相同的事在生气。"

"部下怎么都记不住，主管很典型的就是不满。不过这也很自然啦，因为大脑中管理道德或价值观这种基本行为模式的部位，称做'大脑边缘系'。这个部位和掌管分析能力的大脑新皮质不同，要改变它的回路，需要很长的时间。也就是说，关于道德或价值观的事，你必须花很多时间说很多次才会见效。"

"所以有许多人说，不叮咛七次，员工是记不住的。"

---

① Ritz-Carlton Hotel，五星级全球连锁饭店，以体贴入微的服务著称。——译者注

"对。或许可以找他们去喝一杯,苦口婆心,慢慢地说给他们听。这样才能依照公司的价值观,培育出基本能力强的员工。"

"照你这么说,我也该多找员工出去喝酒谈心,或是一直重复交代同样的话啰?"

"要不然就是建立一个可以自动重复七次的系统。"

阿拓恍然大悟:"啊,我懂了,这个自动重复七次的系统,就是Lineup。"

"没错,每天讨论一个20项行动模式,一个月就可以全部说完了。七个月后,就重复了七次,公司运营所需要的事项,就会成为全体员工的价值观,深植在他们的大脑里了。开手排车也是一样,一开始会手忙脚乱,习惯以后,便可以连想都不必想就开上路。到时候员工也会依照公司的价值观无意识地行动。所以从第七个月开始,整个组织就会变得很有效率。"

阿拓想到日本的公司一直以来的惯例。

"这和日本公司每天早上都要求员工背诵社规,道理一样吧?"

"也不尽相同。这和背诵社规不同,员工不只是照本宣科而已。他们在Lineup时,还必须就当天所讨论的项目发表自己的意见。

"Lineup的具体进行方式,是会议主持人先念出当天的项目,然后与其他成员分享有关这个项目的感想或是最近的经验。这和单纯背诵社规完全不同。

"背诵社规的目的,是要员工照着公司的要求行事,他们要的是不会思考的人;但是信条卡的目的,是要员工实际运用公司的价值观和行动模式,培养出会思考的人。"

阿拓觉得神崎还有更多的信息,他进一步问:"为什么和其他成员分享自己的意见,会产生那么大的差异?"

"因为大脑可以获得一种反馈。说出自己的意见,然后看到其他成员点头赞成,表示自己发出的信息又回馈到自己身上,这样获得的刺激是独自一人思考时的两倍，脑神经也会加速变粗，也就是说学习就会加速。所谓教学相长，就是这个道理。

"从第三者得到的反馈越大，说明获得的认同就越多，也就越相信自己的意见正确。就算刚开始没自信也无所谓，很快就会不以为然了。最后员工也会依照自己所说的行动原则，开始无意识地行动。"

"从大脑的学习程序来看，这的确是一个很有效的方法。"

"是啊！先了解大脑的构造，再加速学习。所以，实行信条卡以后结果当然就不一样了。"

阿拓想象自己如果引进信条卡的话，半年后万事达会变成什么样子。员工可以自己思考、判断，不需要任何指示，面对客户有一致的应对方式，能够简明扼要地表达自己的意见。老板即使外出，也不会频频接到员工请求指示的电话。阿拓刚见到信条卡的时候，感觉不知该从何处着手，如今想到半年后的状况，他也认为非效法不可了。

每家公司当然都有一套培育员工的方法，但是就算公司改变了，员工的大脑构造也不会变，这么看来，遵循大脑构造所设计的管理方式才是最有效的。如果有充裕的时间，阿拓或许会自己思考一套独特的管理法则，但是现在只有半年的时间，他必须赶快成立管理团队才行。他想到时光稍纵即逝，与其追求特立独行，冒失败的风险，不如先模仿其他公司成功的方法行事才对。

"具体来说，信条卡的项目应该怎样制订才好呢？"

"你是否曾经因员工的行为而发怒？"

"以前很少，现在几乎每天都有生气的事。有时我实在想不通，怎么会连这么简单的事都不会。"

"比方说？"

"譬如说星期一请假。星期一肯定最忙碌，这天请假肯定会给其他同事带来困扰，他们竟然还能从周末开始连休三天，我真是不敢相信。

"还有,不管是哪家公司,刚进来半年内没有休假是理所当然的,竟然有人进来不到两个月,就请长假去夏威夷度假,真让我傻眼。成年人的常识对他们根本行不通。"

"哈哈哈!我理解你的感受。不过员工不懂你心里所谓的常识,你也没告诉他们。你定了规矩却自己带头破坏,当然无法贯彻实行了。

"现在这种情况,我想那些认真工作的员工也和你一样受困扰吧!认真的员工不能抱怨懒散的员工,因为他们的地位相同,立场也相同,所以公司只会被那些表现不好的员工拖累。所谓劣币驱逐良币,坏员工是会驱逐好员工的。

"信条卡的项目,就从这些令你愤怒的事情开始。所谓愤怒,是针对那些违背你的期待或价值观的行动。你先想好曾经为哪些事生气,为了日后不必再为这些事生气,写下几条'不可以……'的句子,写好后改成肯定句,但是意思不要变。'不准……'听起来非常严厉,对员工会造成心理压力。如果一样的意思,但改成'要……'的话,反而比较容易深植在潜意识里。比方说'星期一不可以请假',改成'如果需要请假,请避开容易造成其他同事困扰的日子'。"

"要写二十项啊?不容易呢?"阿拓觉得光写这些就要花上不少时间,因而觉得有点手足无措。

"当然不是每家公司一开始就有二十项要写,不过有一两项也比没有强。除了星期一请假的事以外,你还为哪些事情生气呢?"

"他们不自己思考,什么都要来问我。"

"还有呢?"

"嗯……他们老是把'我办不到'挂在嘴上,不遵守交件日期,员工之间不能同心协力。"

"这样就有五项了,差不多了吧?总之,万事开头难,重要的就是第一步。"

"是吗？以后再慢慢增加就可以了吗？"

"对，没有哪个公司是一开始就把规则制订得完美的。"

阿拓看看挂在墙上的时钟，一转眼已到该回公司的时间了。他有一种时间被压缩的感觉，来神崎这里不过短短几个小时，他却在这几小时里学到了有效率地建立团队的基础知识，这是他耗费一生也不一定学得到的知识。临别时，神崎又补充了一件事："啊，对了，有一件事我忘了说。这个作业一旦开始，一些累积在组织里的毒瘤就会冒出来，甚至出现一些攻击你的员工，这也是流程的一环，是没办法避免的。你把它想成公司会因此导向良性发展就好了。"

神崎的语气，好像什么都了如指掌的神探科伦博[①]。

豁然开朗

阿拓回到家中，不经意看到了友纪子的育儿书。

"先要有母亲的爱，然后才是父亲的意志吗？"

他一边自言自语，一边拿起育儿书随手翻了几页。他原本以为育儿书上写的无非是怎么喂母乳、怎么换尿布、怎么判断生病之类的常识。但是他仔细一看，才吃惊地发现里面竟然有他意想不到的信息。这本书上写的是该怎样才能教育出好孩子。一样的方法论，可以改造成如何才能教育出好员工。阿拓这才发现，原来育儿书是最佳的管理课本。

友纪子曾经为了教养孩子而不知所措，所以买了很多育儿书来作参考，阿拓却从来不知道这件事。（友纪子和我做的是一样的事，只是她培育的是孩子，而我培育的是工作团队。）阿拓很高兴能够意外发现和友纪子的共同点。（友纪子回来的话，我要告诉她我们做的其实是同一种工作。）他努力回想友纪子的笑容。曾经是每天都见到

[①] Colombo，美国侦探剧《科伦博探长》中的警官，擅长侦破疑难案件。——译者注

的脸，现在却无法像照片一样浮现于脑海，他觉得很难过。

隔天，阿拓拿着神崎给他的橡胶彩球，召集全体员工做 Good & New 的游戏。一开始，大家都弄不懂阿拓到底想做什么，但过了不到三个礼拜，尴尬的气氛就缓和了许多，集会中也出现了笑声，同心协力的气氛已经开始萌芽了。有员工过生日的时候，阿拓也尝试"生日之环"的游戏，还有人感动得流下了眼泪。一开始觉得不好意思的人，当有人对他表达谢意，他便反过来对全体同事说出感谢的话。最后，所有人都认同彼此，长久以来硬邦邦、冷冰冰的气氛，好像受到温暖的太阳照射一般，全都融化开了。

阿拓第一次知道凭借这么简单的游戏，就可以让员工彼此心灵相通。他一直没有自信可以感动人心，也认为自己不是那种权威式领导者，所以才会着手计划人数少也可以运作的事业。不过，现在他已有自信可以依循科学理论来培育一个工作组织。他满心期待这个工作组织可以达成他的预期目标，而且在培育人才的过程中他也找到了乐趣。

一个月过后，员工们变得同心协力了，请假减少了，堆积如山的工作也慢慢得到了解决，公司已经脱离了当初阿拓以为组织将会瓦解的危机。阿拓接着拿出信条卡，上面只写了五条规则。大部分的员工，都能够欣然接受信条的约束，不过仍然有一部分员工露出了不满的神情。很明显，他们对于信条卡感到不舒服，表达意见的时候也只说负面的话。

他们不只自己觉得不满，甚至还会到处对其他员工说"这实在很无聊"。他们如果直接对阿拓表达反对意见，至少还有沟通的空间，但是在背后批评的话，阿拓就没有办法处理了。不过，那些批评都是些琐碎的事，不会造成什么伤害，阿拓也不想小题大作。一个新措施刚开始推行的时候，一定会夹杂一些不安的因素，这也是没有办法的事。阿拓认为这些反对的声音慢慢就会消失了，他决定睁一只眼闭一只眼。信条卡在一开始不会很顺利这一点，阿拓早有心理准备，因为神崎曾经警告他可能会出现毒瘤。只是令人意外的是，这个毒瘤却是阿拓怎么也想不到的人物。

变生肘腋，九死一生

事情的开端，是一封看起来没什么问题的电子邮件。这是阿拓出差一个礼拜期间发生的事。阿拓出差时，收到一封阿亮传来的邮件。他委托阿亮在这期间代为主持公司会议，但阿亮的回复却是："真抱歉，我和客户约好要谈一个很重要的案子，没办法参加公司的会议。"

公司现在最重要的不是提高业绩，而是好好地整顿内部。阿拓也曾经几次要求阿亮，无论如何一定要参加会议。开会的事好不容易上了轨道，如果上司带头破坏规则，工作团队才建立起来的默契，可能又会功亏一篑。阿拓对阿亮只顾自己的事感到很生气，马上拨打阿亮的手机，要他主持公司会议。这次通电话，让阿拓和阿亮之间存在的鸿沟完全浮出了水面。

"不是我要跟你唱反调，这个合约眼看就要签了，我总不能让对方空等吧！"

"我并不是阻止你去谈合约，但是这个会议关系到我们公司内部的运营，你非参加不可。"

"阿拓，你有没有搞错？我看你根本就不懂业务，你知道公司的利润从何而来吗？只有客户才会带给我们利润。什么内部会议，一块钱也赚不到。"

阿拓也动了火气，阿亮不服从老板的命令让他感到愤怒。

"不懂的人是你。现在万事达最需要的是系统的管理，如果不打下良好的基础，不管你怎么提高业绩，都不会有利润。以公司现在的状况，客户会自己找上门来，就算是刚走上工作岗位的人也有能力处理。"阿拓等着听阿亮的反驳。阿亮总是有什么说什么,阿拓以为他会马上顶回来,但这次却没有。

双方就这么僵持着,但阿拓能感觉到阿亮的愤怒赤裸裸地从电话的另一端传了过来。阿拓终于耐不住沉默:"总之,你和客户改个时间,那家公司的老板跟我很熟,我会先打电话给他。"

"是。"电话挂断后,阿亮突然变得客气的话语仍然回响在阿拓的脑海里。

这个电子邮件所引起的事件,发生在公司开始进行改革的三个月后,这时事务所的混乱才刚稳定下来。阿拓曾经自己站到最前线稳定局势,开会的时候示范主持流程,在全体员工面前示范电话一响就马上接,公司内部业务的规范手册也由自己编写完成后发给员工。 过去阿拓不太指导部下该怎么做,因为他总觉得自己动手比较快。但是现在他会稍微忍住冲动,耐心地示范给员工看,于是他们都变得可以独当一面了。以前他们做不到,是因为阿拓都只是用嘴说,从来没有真正示范给他们看。

在这之前,事务所每天都有紧急状况,三个月下来,公司终于又恢复了常态,他们的努力总算有了回报。就在这时候,阿亮传来了那封邮件。这次事件看起来好像很平常的小疙瘩,其实却是接下来将要发生的大事的开端。阿亮传来邮件的隔天,阿拓正在饭店吃早餐的时候,手机突然响起,来电显示是"里子"。

"喂,青岛先生吗?你看了我传过去的邮件吗?"

"还没有,有什么事吗?"

"你可以尽快看一下吗?我现在不太方便讲。"里子压低了音量。

"我知道了,我现在就看。"

阿拓也很在意里子的邮件内容,他草草地用完早餐,赶紧回到房间。里子传来的邮件标示了紧急记号。她没标明主题,时间是昨天晚上11点23分。看来里子是赶在最后一趟电车发车前停止加班的。

阿拓打开邮件，读着读着，脸色越来越沉重。

我一直犹豫着该不该告诉你，但是我再也忍不住了，我一定要将这件事说出来。你可能不知道公司发生了一些事。每当你离开公司，阿亮就完全没有进入工作状态，有时候甚至在公司睡午觉，有时候外出用餐三个小时都不见人影，回来的时候满脸通红，我想他应该是喝了酒。公司里青岛先生最信任的应该就是阿亮，所以我一直忍着没说。但是，最近他的行为越来越嚣张了。这次你出差，他也没有每天来上班，即使来了，也是去骚扰其他同事，说做什么都是白费工夫。

这已不是最近才发生的事了。你应该记得以前有个叫田中的外派职员，她辞职的原因就是因为阿亮对她进行性骚扰。他公然摸她的手，甚至从腰部环抱她，她受不了阿亮的骚扰才辞职的。

其他女同事们虽然表面上装作没事，但是心里都觉得老板对性骚扰的事情视而不见，对公司有强烈的不信任感。最近，阿亮对我也是越来越得寸进尺。我原本认为不搭理他，他就会作罢，可是从上个礼拜开始，他又来骚扰我，我也快受不了了。趁现在还来得及，请你尽早想办法处理这个问题。

阿拓看着里子传来的邮件，想起过去有关阿亮的种种传言。以前会计部就曾经指出阿亮那一组的应酬费过高，有时候竟然一个晚上就花了30万日元，钱到底花在哪里也不清不楚。还有他明明只拜访一家客户，出差却要住两个晚上，怎么想都觉得奇怪。当时阿拓很信任阿亮，就算差旅费可能有一点不太正当的开支，他也会替阿亮找借口，譬如为了冲业绩之类的。

他也曾听客户说过有关阿亮的传言。据说，有人看到阿亮和很像是数威的大村一起喝酒。也有人因此联想到，数威那么快就加入制作多国语网页的市场，就是因为阿亮和大村私下有联系。不管是网页或是营销手法，数威几乎都完全模仿万事达。不仅如此，连万事达一向对外保密的译者名单中的人，数威都曾与他们接触过。这些传言大多只是猜测，阿拓认为一旦起了猜忌之心就会没完没了，所以他决心不被谣言所左右。但是当他看了里子的邮件后，才知道是该面对现实的时候了。

在阿拓不知道的地方，竟然还发生了性骚扰。性骚扰的问题非同小可，甚至关系到公司的生死存亡。阿拓明白和阿亮的冲突是不可避免的，他下定决心以后，又想到这回资金周转不灵的问题怎么会传到大村耳朵里，不得不怀疑也是阿亮泄漏出去的。阿拓立即决定结束出差行程，取消预定，开始收拾行李。接着又打电话给阿亮，要他今天下午五点来公司，他们需要单独谈谈。

阿亮来了以后，阿拓便说起同事对阿亮的指控。

"阿亮，我没回公司的时候，听说你不但迟到，而且有时候外出用餐就不回来了。"

"没这回事，是谁在乱说？"阿亮刻意不正视阿拓，嬉皮笑脸的。以前那张和蔼可亲的笑脸，现在露出一副轻蔑的表情。阿拓觉得脊背一阵凉意袭来。

"阿亮，我在跟你说正经的。"

阿亮感觉到阿拓的咄咄逼人，刻意装作若无其事。

"你就是要跟我说这些？我还不如用这个时间去谈案子呢。"

看来阿亮是不会主动吐露实情了，阿拓干脆直接问他："那个外派职员田中小姐不是辞职了吗？你有什么看法？"

"什么什么看法？"阿亮愣了一下。如果他在装傻，那他就是个很高明的演员。

"她说，是因为经常被你乱摸才辞职的。"

"是田中说的吗？"

"对，她辞职以后，和其他女同事还有联络。她说你要么摸她的手，要么抱她的腰。这是真的吗？"阿拓期待阿亮向他道歉，但他失望了。

"这女的真笨啊，我是疼爱她哦！她要是不喜欢，可以明说啊。她又没说不喜欢，我还以为她很高兴呢。"

听到阿亮这样回答，阿拓觉得自己必须以老板的姿态作出决断。阿亮的行为已经伤害到了别人，他却完全不当回事。阿亮来公司以后，阿拓将业务完全交给他管，他的营销手腕高明，和客户也保持着相当密切的联系。如果阿亮辞职，万事达可能会流失很多客户。他也很照顾手下的业务员，很可能会带着他们一起辞职。公司内部会人心不稳，营业收入也可能受到致命的打击。可是，现在不是担心营业收入的时候，这关系到公司的道德观问题。阿拓不愿意相信自己有一天必须说出这样的话，但是他已经没有退路。

"阿亮，我必须要说一些不中听的话。我们一直都是工作上的好伙伴，而且如果没有你的话，万事达也不可能有今天的成绩。我非常感谢你！但是从今以后，万事达不能再靠个人的营销能力了，我们必须建立由团队主持的经营系统。很遗憾！阿亮，你并不适合这个团队。我想对你来说，继续留在公司也不是一件好事情。"

阿亮不敢相信自己的耳朵："阿拓，你是要我辞职？"

阿拓毫不犹豫地点点头。阿亮完全没想到事情会这样发展，他觉得自己创造了这么好的业绩，阿拓说什么也不可能要他辞职的。

"到底是因为什么？"

"性骚扰。"

阿拓也想到上班态度、虚报差旅费、将公司的机密泄露给大村，等等，但是这些都没有确切的证据。把这些传言当理由，只会变成"欲加之罪，何患无辞"。所以，阿拓只提了性骚扰这一项来劝服阿亮。

"你根本就是处理过当，我不能接受。公司这么多业绩，都是我铆足劲儿做出来的，你现在说什么性骚扰根本就是诬赖我。那是因为公司气氛太差，我才想提升一下士气，我这是基于友情啊！"

"阿亮，对方可不觉得是友情。你伤害了她，让她甚至不愿意来上班，这对公司来说是致命的打击。如果我不能保护我的员工免受伤害，公司会变得如何？"

阿亮的呼吸越来越粗重。

"反正这些都是你的一面之词，我是没办法接受的。我一切的努力都是为了你，你却这样对付我？"

阿拓以为阿亮至少会表现得像个成年人，不过这个期待也落空了。阿亮越激动，阿拓说话就越小心。

"昨天，里子也向我报告说你对她进行性骚扰。"阿拓心里还有更多的话想说，但是在这个时候扩大对方的伤口是没有意义的。

"我可不打算辞职，你只能强制解雇我。不过，你敢吗？公司的业绩都是我做出来的，这些可是靠我的人际关系哦。客户就是这么信任我，不管什么产品都愿意跟我签约哦！"

阿拓尽量不去否定对方，以免给他带来更大的刺激。

"说真的，万事达现在正面临创业以来最大的危机，情况非常糟糕。我真的觉得很遗憾，但是万事达一定要改革。你的营销能力的确很强，我想一定有很多公司比我们更看好你的实力。"

"万事达本来就是靠我的营销能力才有今天的局面。又不是我狮子大开口要求调薪，你说要改革就叫我辞职，说什么我也不能接受。"

面对阿亮死不认错的态度，阿拓也不让步。

"我再说一次，我并不否定你过去的业绩，问题是你对员工的态度不符合我的价值标准。如果我不对你的行为进行严肃处理，我就无法向其他人交代。换做是你，你怎么做？"阿拓小心翼翼地措词，他第一次对阿亮用这种事务性的语气说话。一阵沉默后，阿亮知道阿拓的意志不会动摇了。

"我要一年的薪水当做遣资费。"

阿拓松了一口气。阿亮开出条件，表示他的心意已经转向辞职。阿拓认为给他一年份的薪水当做遣资费，也比放任公司继续混乱下去要好。不过他并没有说出这个想法，继续和阿亮交涉。

"阿亮，我想你还没有弄清楚，你的行为已经构成犯罪，原本是要立即解雇的，根本没有谈遣资费的余地。会计部那边会跟你说明有关离职的细节。"这次沉默持续得更久，阿拓也不打算打破沉默。他耐心地等待阿亮自己开口。

不一会儿，阿亮带着恐吓的语气说："哼，原来你是这么冷血的家伙。你这种公司，我也待不下去了。我辞职的话会怎样？这可不是我一个人辞职就可以解决的事哦。我倒是要看看有几个人跟我一起走！"

阿亮起身走出会议室，砰的一声关上门，力气之大，好像窗户都要裂开似的。他站在办公室中央，激动得大骂："我被炒鱿鱼了！这个公司周转不灵，快要倒闭了啦！下一个是谁啊？要辞职就趁现在啊！"

幸好这时已过了傍晚六点，大部分的职员都下班了。看着情绪失控的阿亮，阿拓反而更加冷静。（这就是神崎说的毒瘤吧。）阿拓想起神崎说出现毒瘤是变化过程的一环，不知道为什么，他觉得心里踏实多了。他有些惊讶自己竟然可以保持冷静，没有感情用事。

隔天，阿拓以为前一天将阿亮的事情解决后，就已消除了公司所有的毒瘤，但事情并没这么简单。阿拓看见桌上放着业务部五个人的辞呈。虽然他心里早有准备，可能会有几个人辞职，却没想到业务部六个人竟然有五个辞职。他曾听别的经营者说，某天来到公司，却发现没人来上班，可是他做梦也没想到这种事会发生在自己身上。

更糟糕的是，留在业务部的竟是那个受到诸多抱怨的最糟糕的业务员——村上淳。（最该辞职的反而留下来了。）阿淳是业务部的问题职员，过去阿亮最想解雇的就是他。阿拓心想，看来业务方面可能要自己出马了。虽然表面上看不出什么异状，但是他心里却非常沉重。员工陆陆续续来上班，阿拓便随即召集开早会，告诉他们整件事情的来龙去脉。可能大部分员工已经知道公司有事情发生，大家脸上都一副尴尬的神情。

"我要宣布一件令人遗憾的事。长久以来，为我们公司业绩不遗余力的业务经理杉崎先生，昨天离职了。还有，业务部除了村上以外的五个人，也在今天早上提出辞职。"

大家都感觉到气氛越来越僵。

"今天，我要向大家说清楚为什么会发生这样的事。公司绝对没有任何愧对大家或是有所隐瞒的事，但是接下来我所要说的话，关系到个人的隐私问题，所以请大家千万不要对外张扬。

"我要求阿亮辞职，是因为他任意对部分女同事做出肢体触碰的行为，完全无视对方的感受。我认为他这是滥用身为主管的权限，对部下进行性骚扰。或许他也有他的理由，但是性骚扰是道德问题，公司的价值观是不容许这样的。

"我想大家一定会感到不安，身为一个负责人，竟然不能够掌握公司的大小事情，我也深切地反省了一番。我利用这个时间召集大家来的目的，是希望能够听听你们的不满，作为今后公司运营的参考。如果你们对公司或者我个人有任何抱怨，请一定要让我知道。我希望你们今天在这里，可以趁这个会议的时间，把心里的不满都发泄在这张会议桌上，然后一扫阴霾，回到工作岗位上。"

气氛很沉重，没有人愿意开口。阿拓借这个机会要员工表达不满，是有他的理由的。神崎曾经告诉他，**要建立公司的文化，最好的时机是在录用和解雇的时候。录用和解雇很快就会成为员工谈论的话**

题，公司的形象会通过员工之间的交流而有所定位。所以阿拓认为有人被解雇之后，做好公司内部的沟通是最重要的课题。他必须关心到各个细节，务必使带头的员工肯定公司的处理方式。

沉默被意外的人打破，会计部一个平常不太说话的助理小姐开口了："老实说，我觉得老板的决定做得太慢了。在座的女同事都应该与我有一样的心情。请问老板是什么时候才得知这件事情的呢？"

阿拓把里子传电子邮件告诉他这件事说了出来。

"那老板是完全不知情啰？我一直以为你是睁一只眼闭一只眼的。我以前在大公司上班时，也曾遭遇性骚扰。那人在公司有很好的绩效，甚至是下任总经理人选，可他的人品很差，职员研习时，几杯黄汤下肚，就找女职员来，叫她把衣服脱光！这件事虽然也被媒体报道出来，结果还是不了了之。他只不过被排除在总经理人选之外，却还是留在董事会里。杉崎先生还没那么过分。可他身边的部下也不敢阻止他，反而为了讨主管欢心帮助行凶，这根本就是集体猥亵了。

"我就是不能忍受以前公司的那种风气，才离了职的。结果现在我们这家公司也差点要发生同样的事，我真的觉得失望透顶。"

其他女同事也纷纷点头，同意助理小姐的意见。阿拓很坦然地向她低头致歉："这种事都发生在我没看见的地方，这是我的责任，我真的很抱歉，让你们受这种委屈。"

一个人起了头之后，其他人也开始陆续发表意见。光是听员工诉说他们心中的不满，就花去了半天的时间。但是所有人都说完后，会议室的气氛很明显地有了改变。大家心里的隔阂已经消除了，公司全体人员之间产生了一种前所未有的向心力。

接下来的问题转向公司未来的发展，制作部的男职员提问："我想请问公司今后该怎么做？业务部门过去有杉崎先生在，姑且不论他的人品，他总是能够从大公司取得订单，真的很有一套。"

这也是阿拓心里的不安。

"关于业务方面，我会负责带头，和阿淳一起努力。一下子走掉五个人，可能暂时会比较辛苦……"

这时阿淳开口说话，将阿拓从不安的窘境中解救了出来："青岛先生，业务方面的事你不用担心。杉崎先生只不过假装很厉害，其实根本不是那么回事。最近三个月，业务什么都不用做，光是接电话就可以增加营业收入了，他只是很会吹嘘而已。少了几个业务员，营业收入也不会减少多少。"阿淳现在已经可以在公司里面公开说出对阿亮的不满，他把长久以来压抑在心里的话一口气宣泄了出来。

"我曾经向杉崎先生建议应该有效利用网络，不需要特地上门拜访，结果他就完全推给我。我拿出很多资料和企划书，他也说这些东西没意义，不肯发送给客户。我认为业务部门只要再增加一个人手，就可以建立一个营销模式来应付目前的状况。"

阿拓没想到阿淳竟是说话这么有条理的一个人，换句话说，优秀的员工可能都认为屈于阿亮周围的压力，而无法发挥他们真正的才能。阿淳刚说完，稍早发言的制作部人员便表示："那……可否让我协助业务部门的工作？其实，很早以前我就希望有机会积累业务经验。"

阿拓很高兴他们积极参与。公司能够这样重新出发，反而不得不感谢阿亮带走多余的人手，将毒瘤一扫而空。这么一想，阿拓又觉得一股冲劲涌上来了。

"阿淳，谢谢你！等一下我们赶紧开个业务会议。只是，如果我出去跑业务，公司里面就没人可以做主，这样也很伤脑筋……"这时，阿拓与里子眼神交会。

"里子，你可以帮我这个忙吗？"

里子毫不犹豫地点点头，其他人也都投以赞同的眼神。会议进行至此，散发出一种积极向上的气息，和刚开始的气氛大相径庭。

温柔的陷阱 第3章

153

阿拓在会议最后作了总结："最后，我想强调一件事。现在公司正处于一个新的阶段，我知道大家心里都很不安，可能也有人怀疑下一个不知道是谁要被炒鱿鱼。只是今天我在这里和大家把话说开是有原因的，我不愿再失去任何一位同仁。"

听了这段话，公司全体人员都同心支持阿拓的决定。

"听说杉崎先生他们要自己成立公司哦！"阿亮遭到解雇后大概过了三个星期，阿淳从客户那边听到了这个传言。

"听说他也曾经考虑回数威，可是被大村先生拒绝了。他一次带着五个业务员，那边好像也吃不消吧。人家数威自己也有好几个业务员了嘛。杉崎先生必须照顾五个人，所以干脆自己开公司算了。"

事情演变成这样，阿拓心里也有数。当初解雇阿亮时，阿拓考虑到他今后的就业问题，所以让他以自行离职的方式离开，并没有以性骚扰为由将他强制解雇。但是，最近阿拓又收到阿亮传来的骚扰邮件。他一直要求阿拓应该增额支付遣资费给与他一起辞职的业务员，否则他们将采取法律途径，以精神损害为由提起诉讼。当初是对方自己决定离职的，所以根本没支付遣资费的必要。看来他们是需要开公司的资金，才会出此下策。不过就算他们寻求法律途径，阿拓也问心无愧，所以他决定不予理睬。

"他们要开什么公司？"

阿淳回答："跟我们做一样的生意啊。听说他们采取电话攻势，对过去开发的客户提供更便宜的价格，劝他们换合作对象。"

阿拓询问阿淳的意见："你认为如何呢，军师？"

不知道是不是因为被阿拓称做"军师"的缘故，阿淳变得伶牙俐齿："他们真傻，就算削价竞争，也没那么简单。万事达的事业形态是将所有商品配套销售来产生高额利润，现在已经不是单项事业运作的时候了，我们制作外文网页、提供国外商业信息来招揽客户，还提供翻译及口译服务、成立外销事业部门的电话中心、提供合作咨询业务，一直到承揽中小企业的外销事业，这些都是有一贯性的。而且我们甚至还能根据每一种事业的成长曲线，预测何时可以到达顶点，这种汇整能力是我们公司最拿手的。他们的抄袭也只看到表面，才会用削价竞争的方式，迟早会知难而退的。"

这次的经验让阿拓明白了一个道理：**放弃执著，不久就会出现超越其价值的东西**。他放弃阿亮，比他更优秀的员工就出现在眼前了。阿淳的工作能力其实非常强，只是过去有阿亮从中作梗，让他无法发挥。阿拓想到，或许可以对阿淳托付重任。

"我不想再增加银行贷款，接下来三个月的营业收入是关键。一下子少了六个业务员，说句老实话，省下这些人事支出，的确是舒缓了公司财务上的窘境，不过营业收入也不容减少，你有办法撑起来吗？"

阿淳的表情显得非常认真："小规模订单应该不会有什么变动，负责支持业务部门的女同事们也都会配合才对。我们的关键就在于能拿到多少大公司的订单。"

阿拓想起公司草创时自己对业务一无所知，只凭一股傻劲拼命往前冲。（那时说起万事达根本没人知道。跟当时比现在的问题实在没什么大不了的。现在是第二创业期，总之尽全力就对了。）

"阿淳，每人一天打150通电话，两个人就300通了。下午就去拜访约好的公司。你觉得啰嗦、不喜欢的客户就不必见了，只约那些成功可能性较高的公司就可以了。"

阿淳咧嘴一笑："不是低头推销，而是采取高姿态对不对？"

阿拓脸上写着"你这家伙很上道嘛"，嘴上却说："对，我们越苦就越得咬紧牙根，不能让人看出来。"

阿拓拍拍阿淳的肩膀："我相信你不会让我失望的。"

阿拓虽然这样鼓励阿淳，但心里却不禁由产生一股无法抹去的不安，总觉得问题不会就这样结束。有一就有二，有二就有三，有了几次经验，阿拓也开始认为过去所发生的两次障碍都只是警报。（总之，先做好心理准备吧！）

过了不久，终于发生了更严重的问题。阿拓下班回到家后，发现信箱里有一封友纪子寄来的信。阿拓以为她终于想通了，写信来道歉和好，拆开一看，信的内容却与他的想象完全相反。住在娘家的她，写信来催促阿拓快点办理离婚手续。友纪子说她已经不在乎有没有钱了，孩子的父亲一直都不在家，如果是这样，不如做个了断。为了孩子的健康发展，她已经不能再忍受了，希望阿拓赶紧签字离婚。

阿拓知道终会有这么一天，却迟迟不找友纪子谈话。他只是一直逃避，以为总有一天夫妻之间的裂痕可以修复。阿拓无法作出决定。他心里对妻子的愤怒还不能平息。好几次他也觉得不如离婚，那样轻松自在，但他又不愿意失去孩子。这段时间，他已充分认识到工作和家庭之间必须取得平衡了，他认为自己已和过去不一样了。但是他也不可能为了家庭，不管公司里面辛苦工作的员工。阿拓不知该如何向友纪子说明这一切。他希望友纪子能再等一段时间，一封信写了又改，改了又写，就是写不出他的真心话。结果，信还是没寄出去。

神崎曾经说过，工作有问题的时候，家庭就和乐；家庭有问题的时候，工作反而顺利。但是，却也不是事事如他所预料。当阿拓以为家庭陷入最大危机，事业可能会顺利改善时，公司却发生了更糟糕的状况。这就是所谓的死胡同了。

第二天是星期一，阿拓一上班就看到里子铁青着脸。

"青岛先生，大事不好了，主机里的数据都不见了。"

阿拓心想：该来的总会来的。

"你说的数据，是客户数据吗？"

"不只是客户资料，译者名单、中国的企业名单、客户履历、以前制作的成品资料也全都不见了。"

阿拓不禁哑然。虽说他预测会有事情发生，却没想到有这么严重。如果情况真如里子所说的，公司要继续运作是不可能的了。这关系到好几十亿日元的损失。他甚至不能想象这么大的损失会发生在自己身上。他希望这些都不是真的。

"总有备份吧？"

"备份资料也被偷了。昨天，上回辞职的伸也好像来过。我来上班的时候，发现门没锁，他说是来拿他的东西……"

这分明是犯罪。

"没想到他们会这么做。"

"真对不起，我原本想过要换钥匙的。"

如果是以前的阿拓，他可能会努力思考该如何突破困境，自己判断、自己决定、自己冲刺，然后自己承担结果。但是现在，阿拓很清楚自己不再是一个人了。他脑海中浮现了"破产"两个字。但是，阿拓知道自己碰到的问题越大，就越要冷静地呼吸，因为不管多严重的状况，都是为了要成就最完美而必然会发生的。尽管如此，里子却已经陷入混乱状态。责任心驱使她应赶快找到解决的办法，但是问题实在太严重了，让她完全不知所措。她的语气充满了绝望："如果可以的话，我真想就这么逃出去。"

阿拓自己也想逃出这个令他痛苦的事业。他有什么必要承受这么多委屈，来维持这个事业？起初，他梦想可以打造一个家，为家人带来幸福。他凭着对这个梦想的信念爬上阶梯，一直往上爬，伸出手抓住梦想。当梦想实现时，他才知道那不是自己所追求的东西。拼命爬上阶梯的结果，是发现自己根本不该爬上来。

把房子卖掉，就可以偿还贷款了。最坏的打算就是从零开始。阿拓回想这五年，公司和事业对他到底有什么意义？这五年来有苦有乐，但是要说哪个较多，应该是苦吧。不过，快乐的是他获得了许多其他地方得不到的东西：第一次争取到客户；第一次被杂志报道；也曾经高兴得抱着妻子跳起舞来；认识里子；和妻子分居。

人总有相遇和分离。就算公司没了，有些东西还是不会消失。或许留不住钱，却得到了比钱更重要的东西。就算失去一切，还有自己这份资产。他还有活下去的力量。这份力量，就是拥有克服万难的智慧和勇气，还能够将这种智慧和勇气与需要的人分享。自己所扮演的角色到底是什么？当他问自己这个问题时，才发现有人比自己更需要帮助。阿拓可以扮演引导里子的角色。他必须帮助里子。（所有的问题都是可以解决的，一定找得到出口。）

阿拓问道："里子，在你走之前，我想请你和我一起思考一个问题。"

里子转向阿拓，表情已是疲惫不堪。

"情况如果继续恶化下去，什么样的状况才算是谷底？"阿拓觉得当一个人心情沮丧的时候，把负面情感全部宣泄出来反而比较好。**预想最糟糕的情况，就比较容易回归客观的态度。**阿拓经历了许多障碍，也因此学到了突破困难的方法。

里子想了想，说："最糟的情况，就是下个月的《亚洲投资／贸易信息来源》没办法出刊。这关系到公司的信用问题。订阅读者的抱怨会一窝蜂拥进来。还在制作中的网页数据，承包公司应该也都有保存，所以比较不受影响。合作支持的部分，只能向客户道歉，请他们把之前的信息再传过来吧。"

"好，那我问你，如果明天早上睡醒就发生奇迹，最理想的情况是什么呢？"

里子的表情已经没有刚才那么黯然了。

"如果发生奇迹，是吗？嗯……新的系统已经灌入计算机，数据也都还原。这样的话，公司的运营反而会更有效率。"

阿拓又问："如果这个最理想情况是满分 10 分，现在的状况有几分呢？"

"现在啊，3 分左右吧。"

里子觉得这个数字应该够低了，但是阿拓的反应却出人意料。

"那就不是 0 分啰！太好了，还有 3 分呢。如果 3 分要变 5 分，我们该怎么做呢？"

"就是将数据还原啊。试算软件里面还保存了不少数据，只是不知道能不能整合，这可能是个很庞大的作业，却也不至于办不到。"

"你的意思是？"

"最糟的状况下，公司还是可以继续运作。"

阿拓继续问："那如果 5 分要变 7 分呢？"

"那就需要整个换成新系统了。我们以前就想慢慢把数据移过去，可是和公司的业务同时进行实在是很困难，从零开始反而比较容易。这么说来，现在公司的运作几乎是停止状态，或许可以趁这个机会更换新系统。"里子的声音又振作起来了。

"那，如果 7 分要变成 10 分呢？"

"至少要在一个月内完成还原客户数据的工作才行。这样的话，还勉强可以赶上《亚洲投资／贸易信息来源》出刊。"

阿拓最后又问："那么第一步该怎么做？"

里子想了想，回答道："我查一下还有多少数据存在员工的计算机里。"

里子一声令下，好几位同仁都积极投入协助工作。他们的计划是同时进行还原数据并转移到新系统。由于现有的系统缺失太多，新系统必须回到起点，从筛选业者开始做起。这个项目其实已经筹备了许久，只是一直都找不到适当时机开始进行。系统还原项目小组展现了强大的行动力，阿拓要他们"不要太逞强了"，职员却反驳："我们现在不逞强，要等到什么时候？"他们甚至没多余的时间可以抱怨或烦恼。每个人都在这个时候认清了自己应该扮演的角色，埋头进行数据还原的作业。公司发生问题，反而使员工的士气高昂了起来。

计算机主机上的数据全都不见了，他们必须找出所有的书面数据进行键入，还要请承包公司回传万事达的资料，虽然很难为情，大家还是不停地进行着。不过大家其实也都很担心，这个还原作业到底要持续到什么时候。如果只是为了赚一份薪水，逃走肯定是比较轻松的选择，但是所有人都豁出去了。系统公司的业务员和程序设计师，也都每天到事务所来帮忙，如果将这些换算成人事费用，可能要高过系统的开发成本。从里子开始，每个人都像战胜过去一样拼命工作。

一个月后。在这段时间，还原作业每天都持续到深夜，大家的体力也已经到达了极限。更换新系统所需要的数据键入已经大致完成，剩下的工作就是详细检视是否有数据重复，但是已经没有时间以人力来进行了，所以他们决定等系统更换完成以后，再开发检视重复数据的程序。最后，就剩下计算机连结的启动测试了。这是最紧张的时刻，全体人员卖力至今就是为了这一刻。

里子屏息凝视着计算机屏幕，画面正常启动了。里子轻叹了一声，自言自语地说："系统复原了。"

只有一小部分的职员看到这项作业，有人小声地说"连上了"，才陆续有其他人问："咦？连上了？"这个声音此起彼落。接着大家开始热烈地欢呼："连上了！连上了！"阿拓听到欢呼的时候，几乎所有的职员都围在里子的小组旁边，每个人都凝视着计算机屏幕，每个人都带着满脸的笑容。

"连上了——"，"连上了——"……每个人的感叹声萦绕在阿拓和里子耳边，久久不能散去。现场已经分不清到底是计算机之间的连结，还是全体人员之间心的连结。所有人都为里子欢呼。阿拓也在心里大喊：太好了！太好了！阿拓因喜悦而全身颤抖，这份喜悦已经远远超过他自己成功的时候所感受到的。

◆

如今回想起来，这次的数据失窃事件，可以说是万事达迈向第二创业期的试金石。之后，万事达又快速成长，更进一步。客户们纷纷回笼，阿淳的营销策略奏效，阿亮时代的人海战术，已经几乎由支持部门的接线小姐取代。阿拓和阿淳开始找大公司做简报，继24小时电话系统之后，他们又和人力公司缔结合作关系，大型企业也纷纷来电咨询。

结果，万事达与几家大公司签下合约，订单金额就是原本预定半年后要偿还给银行的5 000万日元。就是因为有这5 000万日元的贷款压力，万事达才能在短短半年之内整合好所有的制度。所有人都为这个不可思议的发展而感动，让谁听了都觉得"好像是编出来的故事"。

经过这次事件，里子的成长令周围的人感到惊讶。她所领导的团队包办了公司日常业务以及客服业务，因此阿拓可以专心于公司长期发展的工作，包括与大型企业交涉、财务与人事管理，以及营销策略的推演，等等。万事达已经不再是当年那个连组织图都没有的游击式经营小队，他们跻身知名经济杂志所选出的21世纪最强企业排行榜的前几名，成为经营系统受到高度评价的企业。

今天，是公司宣布里子升任为副总经理的日子。服部里子，二十六岁进公司，现在已经三十一岁了。在年收入突破10亿日元的创投公司里，女性的副总经理还算是少数。她身穿白色套装，肌肤如陶瓷般雪白，恰好配上乌黑的直发。从前她孩子般天真的眼神充满了魅力，而今天，她的眼神增添了成人的稳重。她充满自信与亲和力，是所有女职员的偶像。里子用清亮的嗓音发表上任演说："谢谢大家。我的母亲在我五岁的时候和我父亲离婚，自己开了一家美容院，独力将我抚养长大。今天，我想借这个机会感谢我的母亲。

"或许是因为从小看着我母亲劳累的原因，从学生时代开始，我就希望拥有在社会上独当一面的能力。当我进到大公司担任总台职务时，我便拼命工作，绝不输给男性。即使加班到深夜，我也毫无怨言。

"但是，我心里一直觉得很不安。到头来，我可能只不过是一个大齿轮，不管我怎么努力，过个几年，就会有新来的员工取代我，周围的人甚至将淡忘我的存在。

"我不希望变成随时可以被取代的齿轮。

"即使结婚，即使生了孩子，我还是要有生存的能力。

"我刚来万事达的时候，它还只是个一人公司，我自己任意地想象可以在这家公司学习创业。

"当时青岛先生说，他希望将来可以在公司隔壁设置托儿所。员工如果可以和孩子一起度过午休时间，一定会激发他们很多的创造力。孩子们看到父母亲带着骄傲心态工作的情景，他们的心里也会很充实。"

阿拓自己都忘了曾经说过这样的话。

"我说过这种话吗？我都忘记了。"

阿拓像是过去的照片被人看见那样害羞，忍不住插嘴。其他人都笑了起来。阿拓听着大家的笑声，觉得已经遗忘了自己还有和善的一面。里子对阿拓轻轻微笑，继续她的演讲："这几个月以来，我们明白了一个道理：公司的成长，必须靠人与人之间相互理解。我们也明白了"慈母"、"严父"的重要性，唯有这两者紧密结合，才能让公司产生创造力和实践力。"

里子的演讲充满了自信，让人几乎感觉不到她才 30 岁出头。通过这段演说，她也将热情传达给现场的每一个人。

"最后的大赢家就是我们的团队，朝着同一个目标努力的伙伴们。我们公司很小，财力完全不能与数威相比，但是看看这半年的成果，那些被数威抢走的客户，都纷纷回到我们公司来。"里子拿出过六个月的订单统计图表，上面显示在完成更换计算机新系统前后，公司的成长呈现V字型。他们达成了恢复业绩的目标，现场也一致感叹这次取得的成绩。

"数威录用优秀的毕业生，也有雄厚的财力，但是我们手中还是掌握了胜过他们的东西，那就是智慧和勇气，还有同心协力的团队。我们的管理系统是以女性和男性双方的情感作为基础的。

"这是青岛先生努力实践至今的理念。我从公司草创的时候开始，就一直和青岛先生一起工作。各位都很清楚，公司曾经经历许许多多的困难，但是请想想看，短短五年的时间，我们创造了一个业绩，即使有许多竞争对手加入市场，我们的地位也不曾动摇。

"我曾经只是一个对将来充满不安的粉领族，我……如果没有我的母亲，以及青岛先生……就没有今天的我。"

阿拓觉得自己只是拼命地跑，没有时间回头看。但是听了里子的话，他觉得一路走来是值得的。这时，阿拓竟有种宛如里子父亲的错觉。

"我在万事达懂得了公司和家庭并不是不能兼容的，公司的成长过程，其实和家庭的成长过程一样，而我们却忘了这一点。

"经营与家庭之间必须保持平衡，各位女同事一定也有同感。我希望我们公司成为未来企业重视经营与家庭平衡的典范。

"我知道这只是一个理想。但是爱因斯坦也说过：'现实曾经都只是想象。'我们有想象力，在座的各位也都被赋予实现理想的力量。

"让我们相信自己的力量，继续前进。"

虽然人数很少，但掌声依然热烈。里子只是站在前方，就改变了全场的气氛，说她已经具备领导权威也不为过。阿拓这才发现，里子是拥有这种实力的女性。阿拓心想：难道我唤醒了一只沉睡的狮子吗？这么看来，我很快就会被追过去了吧。阿拓静静地看着里子，这时，他还没发觉自己已经具备培育人才的能力。

第 **4** 章

Confessions of Self-made Millionaires

成功的背后

尽管事业和家庭之间有这么密切的关系，但是很多人都只看事业这一面。他们只会吹捧成功的人，只谈论成功者光鲜的那一部分，却绝口不提他们背后不为人知的一面。

公司成长与桃太郎故事

"政变之所以发生，是因为人们的愤怒没有得到宣泄。"神崎摇晃着手中的血腥玛丽①说道。阿拓和神崎很久没有一起喝酒了，这天他们约定在市区的饭店酒吧见面。

"宣泄愤怒？"

"记得上次我画的金字塔吗？不是有步骤1到步骤3吗？其实，还有一个步骤0。"神崎说着，在上次的金字塔下面又画了一层步骤0，写上"愤怒的宣泄"。

"在建立团队初期，利用Good & New的方法，让成员养成凡事正面思考的习惯。一般的状况下，这样就可以顺利进行了，但是如果团队中已经存在着愤怒的情绪，这个方法就不管用了。因为毒瘤还没有完全消除，你只是把它盖起来，最后爆发只是时间的问题。

"所以，当你想在公司实行一项新尝试时，有人反对的话，就要找个机会与他单独面对面地谈，彻底了解他愤怒的理由，以此消除彼此心中的芥蒂。"

---

①Bloody Mary，西方的一种鸡尾酒，由伏特加、番茄汁、柠檬片、芹菜根混合而制成，鲜红的蕃茄汁看起来很像鲜血，故而以此命名。——译者注

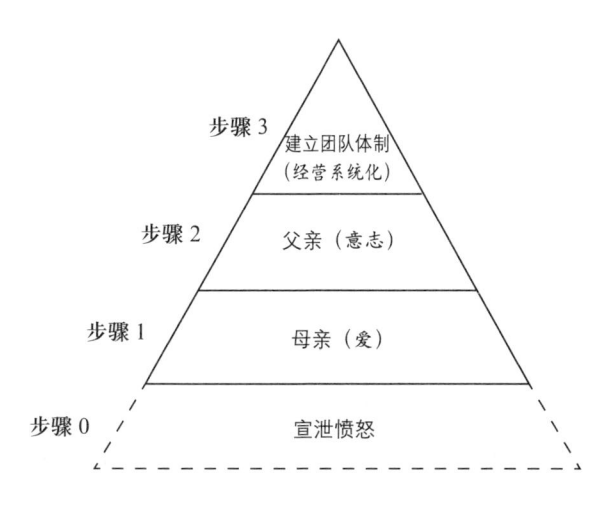

```
           步骤 3   建立团队体制
                   （经营系统化）

        步骤 2      父亲（意志）

     步骤 1         母亲（爱）

  步骤 0            宣泄愤怒
```

图 4.1　团队组织建立金字塔

阿拓突然一阵恼火，瞪着神崎："你怎么不早点告诉我，太不够意思了吧！"

如果早知道是这样，就可以避免与阿亮的冲突了。想到这里，阿拓实在无法压抑心中的怒气。

"哈哈，对不起啦！不过，我觉得以你的情况，毒瘤越早除掉才能越快复原啊。而且阿亮的事，迟早是要爆发的。"

（迟早？）阿拓对神崎的话感到好奇。

"神崎兄，你的意思是，你早就知道阿亮有问题？"

"嗯……只是猜测啦。"

阿拓想不通，神崎几乎没去过万事达，却对公司的事情了如指掌，而那些事甚至连阿拓自己都不曾察觉。

"你是什么时候知道阿亮有问题的呢？"

"其实没有真正发生的话，我也不敢确定。我的确知道你们公司今年会出现很多问题，只是无法确定从哪里爆发而已。"

神崎似乎可以看出很多阿拓看不见的问题。

"神崎兄，这些问题到底为什么会发生呢？"

"这回你们公司上演的政变戏码,原因就是共同演出组织成长剧的演员之间的纠葛。你要是知道这些,就可以对组织的变化了如指掌,马上就变成建立团队的天才了。"

变成建立团队的天才?阿拓心想,今天非得把神崎的秘诀统统挖出来不可。

"神崎兄,你说演出组织成长剧的演员,是什么意思?"

"先说说你和阿亮之间的摩擦好了,这就是很典型的例子。"

"典型"这个字眼听起来真让人不舒服,阿拓不喜欢自己被模式化,像是被操纵、照着剧本演出的木偶一样。神崎也发觉了阿拓的情绪变化。

"这些话听起来或许让你觉得不舒服,这也是人之常情,每个人都凭意志来判断事情。但是当你看过一家又一家公司的成长与衰败,你就会惊讶地发现它们实在有太多相似点了。"

"到底为什么会产生这些模式?"

"在说明这个之前,我们先聊聊演出企业剧的演员。这可以适用于所有人类组织的成长过程,我们就以公司为例子吧!"神崎开始正经地准备帮阿拓上课,阿拓也拿好记事本和笔。

"**一家公司的成长,需要四个演员:创业者、执行者、管理者、协调者。这家公司的生命周期,会因为他们之中谁表现得比较突出而有所不同。**"神崎说着,分别画下这四个角色的定位。

"创业的时候,公司需要创业者的精力。创业者会一直涌现具有远见的创意,他们有创造力,还会积极实现这些创意。你也可以说,他们就像军人一样不断地往前冲刺。

"然而,一家公司只有创意是没办法成立的,创意需要有人将它实体化,这就是执行者的工作了。所谓执行者,以公司来说,就像是决定向谁进货、建立送货系统、建构应对客户咨询的体制等角色。他们负责短期性的工作,也就是有效率地运营公司的日常业务。

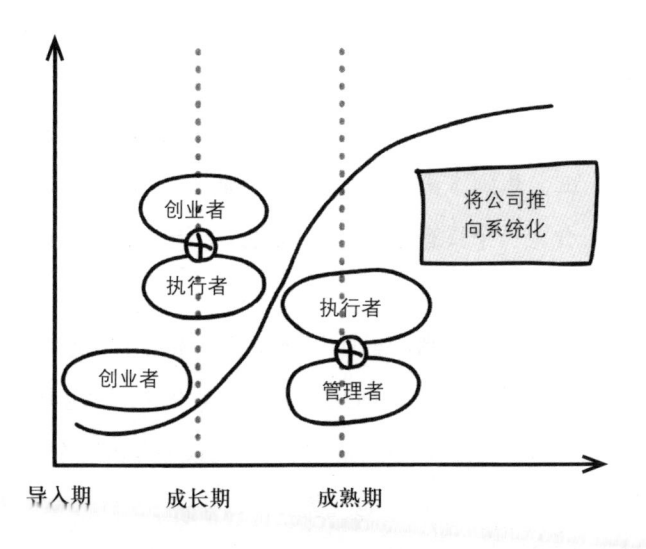

图 4.2　公司成长与角色定位

"如果说创业者是军人，你可以称执行者为魔法师。当军人说出他的梦想：'我想要一台战车。'魔法师马上回答：'好的。'然后擦擦神灯，实现军人的梦想。公司就靠着创业者和执行者同心协力，迈向成长期。"阿拓有些混乱，他试着拿自己公司当做例子。

"请等等，以我们公司为例，我是创业者，阿亮就是执行者啰？"

"没错，你提出创意，还制作网页吸引潜在客户，而阿亮就去争取这些客户。当然啦，在争取大企业的合约时，阿亮也扮演创业者的角色，不过照阿淳的说法，他只是针对有来往经验的对象出击，所以还是扮演执行者的成分较大。"

"你刚才说，公司必须靠创业者和执行者同心协力，才能迈向成长期。万事达的确是在我和阿亮合作之后，才开始顺利成长的。"

"是啊，这是很要紧的，你可能以为一个事业只要靠创意或手法就会成功，可是如果招募不到必需的人才，还是踏不出去。

"很多新事业或创业者之所以会失败，就是因为他们没有在创业者和执行者之间取得平衡。先有了创意，然后再加上使其成形的力量，才会结出果实。不管多么杰出的创意，如果没有营销手法，都不能创造出任何商机。

"我举个例子，提到新力①，大家就会想到井深大②和盛田昭夫③；说到本田，就会想到本田宗一郎④和藤泽武夫⑤。他们都是创业者和执行者的组合。**一个具有绝对领导地位的老板背后，都有一个能干的执行者。**"

虽然阿拓从未意识到，但他和阿亮在万事达里，也是不知不觉中分别扮演起合适的角色，结果公司也一直顺利发展到中间阶段。只是这层关系为什么会出现扭曲，阿拓认为或许与第三个角色有关。

"第三个角色是管理者，他又负责什么呢？"

"创业者和执行者同心协力，就会迈向成长期。公司进入成长期之后，客户会自己找上门来，让业绩成长超过公司拥有的实力，就像有人一直在背后推挤一样。这种情况我以前也曾经提到过，当业绩超出公司的管理能力，就会出现很多问题，比方说产品质量降低、送货发生问题、应收账款变成呆账，等等。

"公司要突破这个阶段继续成长，就需要执行者和管理者同心协力，一起将日常业务系统化。所谓管理者，以公司来说，一般指会计部门。他们负责制订规则，将日常业务公式化，并且重视短期效率。"

阿拓知道公司在每个成长阶段有不同的课题，但是他过去从没想过，推动这些课题需要应用不同的人力资源。这么说来，创业者在导入期扮演极为重要的角色，但成长期之后，如果公司仍然以同样的方式继续运营的话，同事之间势必会发生冲突。若把这种冲突看成将公司推入下一个阶段的信号，或许会比较适当。

---

① 台湾新力国际股份有限公司是日本索尼公司2000年4月在中国台湾成立的分公司。——译者注
② 1908—1997年，日本著名企业家、教育家，日本索尼公司创始人之一。——译者注
③ 1921—1999年，日本著名企业家，日本索尼公司创始人之一。——译者注
④ 1906—1991年，日本本田汽车创始人，世界著名的企业家。——译者注
⑤ 1910—1988年，日本本田汽车经营管理者。——译者注

阿拓画了一个成长曲线，向神崎再一次确认公司每段成长过程中所需要的角色："创业者在导入期提出创意，然后和执行者合作之后，建立起公司的前半段成长期，而成长期的后半段就需要执行者和管理者同心协力建立系统。我这么说对吗？"

"没错，公司在每个成长阶段都需要不同的角色。如果说得更简单一点，一家公司的成长，其实和桃太郎的故事一样。"

"什么？你是说民间故事的那个桃太郎吗？"

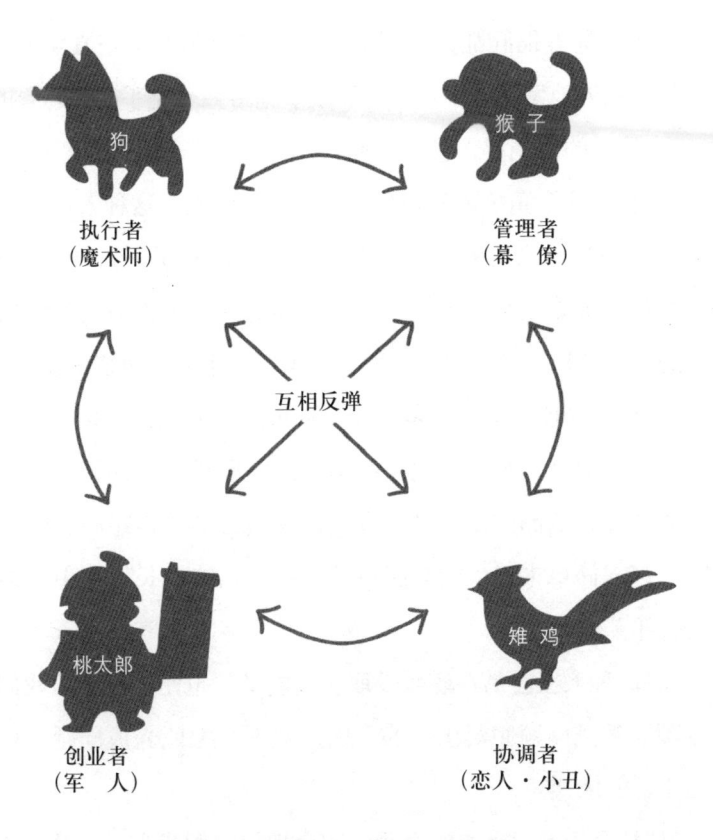

狗
执行者
（魔术师）

猴子
管理者
（幕僚）

互相反弹

桃太郎
创业者
（军人）

雉鸡
协调者
（恋人·小丑）

图4.3 公司成长与桃太郎故事

"对。有一天，桃太郎想到鬼岛去赶走恶鬼，发起这件事的桃太郎就是创业者。桃太郎在旅途中遇到狗之后，狗也加入赶走恶鬼的行列。狗象征对主人尽忠守职的仆人，它所扮演的角色就是执行者。接下来，猴子也加入赶走恶鬼的行列。猴子是智慧的象征，扮演管理者的角色，负责将工作系统化。最后是雉鸡，雉鸡是爱与勇气的象征，负责统合整个团队。

"像这样用桃太郎的故事来比喻公司的经营，创业者桃太郎提出赶走恶鬼的任务，然后先后得到执行者、管理者、协调者的协助，最后赢得宝物，凯旋回乡。公司经营也是照桃太郎故事里的顺序提拔必要的人才，事业才能不断发展。"

阿拓觉得很混乱，分不清是故事变成真实还是真实变成故事。他只是意外地发现，自古流传的故事竟暗藏着超乎我们想象的真实。

"最后的协调者，我还想不出实际的例子……"

"少了这个角色，公司马上就会四分五裂。这种人在公司里面就像母亲一样，只要他在场，大家就会觉得松了一口气。小公司里，大多是老板娘或事务部门里个性温和的女孩子扮演这类角色，万事达的话就是里子了。因为有里子，职员们才可以团结一致。

"当公司比较大，或是公司分裂很严重的时候，也有可能会出现另一种协调者，那就是问题职员。问题职员生病的话，公司全体就会为了照顾他而团结。又或者其他职员会借着抱怨问题职员而团结在一起。简单来说，问题职员就是在公司的成长过程中成为牺牲品的代罪羔羊。

"这种人很容易在职场吸取负面能量，也比较敏感。我们如果可以预先知道问题职员出现的原因，就不会把他当成问题，反而能够活用他的敏感。"

"社会上几乎所有的公司，都会把问题职员当成麻烦，其实他们才是最需要被重视的对象，是吗？"

"对，问题职员就像天线一样，可以在早期确切地侦测出公司问题的症结所在。"

阿拓记下了"天线"这个字，还圈起来强调它的重要性。他认为这个就是神崎管理的中心思想。过去，他以为公司发生问题的时候，思考该如何适当地解决就是所谓的经营，但是神崎的想法却是预测将会发生什么样的问题，事先做好预防措施。这个观点恰好是他所欠缺的。

"如果你了解了这些主要的角色，你大概就可以知道组织为什么会出现问题了。"

服务生这时来询问是否要再加酒，于是神崎又点了一杯血腥玛丽。阿拓急着想听神崎继续往下说，但等服务生送酒来的时间有两三分钟，阿拓觉得这两三分钟好像变得格外长。

神崎拿过酒杯后，又继续刚才的话题："公司进入成长期的时候，创业者——也就是老板，雇用执行者。起初彼此的关系很好，双方也都能充分享受营业收入增加带来的喜悦，他们可以一整年全天候工作，公司也因此而不断成长。接着，就会开始疏忽过去可以察觉到的细微环节。譬如说以前只要看到客户的名字，就能够想起他的长相，但是却渐渐记不起客户的名字和长相了。事务性的失误增加，服务质量也开始下降。但尽管如此，因为公司正值成长期，业务还是一直不断前进。负责安排这些日常业务的是执行者，他必须每天加班到晚上10点、11点。

"执行者也只是凡人，体力总有限，于是他对创业者说：'我已到达极限了，我们多请些人手吧。'在这个阶段大部分的公司都会雇用业务管理或会计，也就是第三个角色——管理者。创业者和执行者雇一个人，将自己不擅长、不想做的工作都委派给他，这么一来他们就不用处理麻烦的传票、开立请款书、催收应收账款这些事务性工作了。"

"这样的话，执行者的工作就轻松多了，他可以利用多出来的时间去冲刺业绩。"

"可是，事情总是不会尽如人意。创业者本来就是提供点子的人，一有新点子，他就非得将它付诸实践不可。他会去参加讲座、看书、与其他公司的老板交流，为的就是搜集情报。一有什么灵感，他就想在公司试试看。

"他可能才讲完一个新点子，隔一个礼拜，又有了别的点子，公司的业务会因此发生严重混乱。他把公司搞得乱七八糟以后，再叫执行者和管理者来收拾残局。老板随便丢出一个点子要部下实行，很简单，可是执行老板的点子和收拾残局，却要花上很多时间，所以公司总是充斥着紧急情况。

"很少人能够在混乱的公司里工作，大部分人都希望有一份安稳、确定的工作，所以职员一直无法上轨道，经常因病请假。结果公司就陷入失误不断增加的恶性循环。

"公司已经这么混乱，老板却经常不在公司，或者一来就又丢出新点子，让混乱雪上加霜。渐渐地，执行者和管理者帮老板收拾完残局之后，就习惯性地相约去喝一杯，说说创业者的坏话，说他是冷血动物之类的。然后两个人联手谋反，组织就开始瓦解了。"

阿拓听着听着，觉得很不舒服。神崎说的和万事达的情况如出一辙，万事达的执行者是阿亮，只不过和他同伙的是部下。

"神崎兄，照你这么说，组织瓦解的导火线其实是老板自己吗？"

"完全正确。"神崎一副理所当然的表情，受到打击的阿拓不禁摇摇头。

"几乎所有企业的剧本都是这样的故事，可是由于各有各的情况，所以没有人注意到这场悲剧根本就是照着剧本走。"

万事达的确原原本本上演了神崎所说的剧情。但是，阿拓认为这么简单的剧情，不足以解释所有公司的情况，他反问神崎："你说的未免太简单了，一定有公司是例外吧！"

"是啊，是我刻意把它简单化的，因为宁可冒险简化剧情而忽略例外，也比完全不知道简单剧情而犯错误要好得多。几乎所有的公司都会遭遇这种悲惨的情节。"

阿拓能理解神崎的用意，想要妥善处理例外的情形，也必须知道这些基本道理。只是他仍然认为即使是基本道理，也不该只有一种形态。神崎看阿拓还是不太能接受，他又补充说明："我再说详细一点好了。除了刚才我说的那种剧情，组织的瓦解剧还有另外两种形态。一种是执行者并没有背叛创业者，在这种状况下，组织里没人可以替创业者踩刹车。创业者太过强势，管理者在公司里面无法好好工作，因为他和创业者的关系可说是水火不容。

"**创业者喜欢自由和变化，管理者追求规律与安定，对公司来说，两者缺一不可**。但是创业者太强势时，管理部门就会显得疲弱，公司的事务永远无法系统化，只能一直停留在家业的阶段。"

"你的意思是说，没有一股反弹创业者行为的力量，公司就不会顺利发展，是吗？"

"可以说是，也可以说不是。这要依公司在成长曲线上的位置而定。从导入期到成长期前半段，靠的是创业者的力量，而从成长期后半段到成熟期，就需要管理者的力量了。"

阿拓听了神崎的回答，重新认识到公司依各个时期的不同，好像会变成完全不一样的生物，管理方式也必须有180度的转变吧。

"你刚才说还有另外一种形态。"

"另一种形态，就是执行者和管理者都非常强势。这种情况下，他们就会容不下一直在公司制造混乱的创业者，联手排挤他。公司剩下执行者和管理者后，制订出非常严格的规则，使组织一下子变得很僵化。由于没有创业者，再也没有新点子，公司就这样慢慢衰退下去。"

"也就是说，即使是相反的情形，反对创业者的执行者和管理者也不会有好下场吗？"阿拓想到阿亮和部下开的公司，便提出疑问。

"是啊,虽然有执行者和管理者的力量,但是失去创业者所造成的伤害却比较大。没有新点子,公司就只是一直重复和过去一样的事,倒闭是迟早的问题,最多不会超过两年吧。"

"到底该怎么做,才能脱离这种悲剧呢?"

"关键点有两个。第一,老板是否知道有这样的成长剧本。知识给予我们很大的力量,如果老板本身拥有这层知识,在落入陷阱之前,就会把经营目标从增加营业收入转向系统化。

"在公司进行系统化时,创业者该做的就是离得越远越好。这个观念很重要,因为创业者是出点子的人,只要他在公司里面活动,就会制造混乱。大部分的老板都只知道前进,不懂得暂停。在公司应该要进行系统化的时候推动新的业务,就像是车体还在组装的阶段就把油门踩到底一样,车子变得四分五裂也不必意外。

"所以,创业者这个时候不能坐在驾驶座上,而要请执行者和管理者来掌握方向盘,公司才能建立稳固的系统。

"创业者在离开公司的这段时间,又会想出更多新点子,所以当他预计公司的系统化已经差不多完成时,回到公司后,又可以提出新创意,继续推动事业成长。这就是公司可以维持成长的良性循环。

"很多持续成长的公司,老板都是这样,总是只凭直觉做事。你以为他跑到夏威夷去玩了两年,结果却带回来绝佳的点子,公司因此又更上一层楼。"

"这对老板来说真是个好消息呢,玩乐还可以正当化。"

"对啊,跟对潮流的公司只要认真地玩、认真地工作,就可以维持成长。可是,没跟对潮流的公司可就没有玩的本钱了,他们在成长期只顾着赚钱,没有任何计划就迈入成熟期,就会陷入既没有收益能力也没有组织能力的僵局。"

阿拓听着神崎的解说,心想委派里子担任副总经理真是明智之举,也明白自己现在最应该做的不是当领导组织的司机,而是坐到副驾驶座，给里子以发挥能力的空间。他想起神崎提到有两个关键。

"免于陷入悲剧的第二个关键是什么呢？"

神崎听阿拓这么问，便在刚刚画的成长曲线上写下"协调者"。

"第二个关键，就是老板必须扮演协调者的角色，然后培养每一个员工具备协调者的素质。

"刚才我说过协调者就像母亲一样，这是指公司规模还小的时候。一旦家业变成企业，就必须由父亲——也就是老板来扮演协调者的角色了。母亲所扮演的协调者是对社员付出关爱，而当孩子长大以后，协调者就必须像父亲一样，教导他理念、哲学以及生存方式。

"公司里如果没有这样的人物是整顿不好的。"

阿拓一听到"哲学"便有点失望，理念或哲学大多只是概念理论，对公司经营来说通常并不实用，所以他对这个字眼总持怀疑态度。

"可是，传授哲学或生存方式很困难吧？"

"这个时候，信条卡就派上用场了啊！"

阿拓也突然想起信条卡："对啊，借助信条卡，可以很有效率地将公司的哲学理念深植到员工的脑海，每个人就可以自然地具备协调者的素质了。"

"就是这个道理。最后，公司文化就可以根深蒂固，良好风气也油然而生。这可不是强迫推销价值观，而是培养他们了解别人的能力。

"刚才我提到的四个角色，他们在不同的立场，说话不一样，对事物的观点也不同。员工的个性远超过这四个角色。公司发展的原动力，就取决于是否能用一个宽容的观点来统合这些个性，理解拥有不同知识的人，激发他们的潜力。这就是采用信条卡的意义。"

阿拓过去一直都不认为哲学可以有效地应用在公司里。如果能够成功地使哲学理念深植人心，就可以提升员工的人格。阿拓原本以为人格是人原本就具备的资质和才能，但是现在他也认识到人格是可以后天培养的。阿拓一直认为凭他不怎么高尚的人格，要当别人的领导者是很狂妄的想法。但是现在他知道有方法可以提升人格，也明白自己必须成为员工精神上的领导者。

"神崎兄，如果以这四个角色为前提，我们过去对领导者的观念不就都错了吗？提到领导者，一般人的印象都是具有强烈领导气质的人。可是，**一个领导者的诞生，需要创业者、执行者、管理者，还有协调者的力量。**要巩固在组织里的领导地位，就必须给这四个角色适当的发挥空间才行啰？"

神崎笑着点点头。

"这就是公司的真面目。公司是聚集每个人发掘自我的地方，过程并不全然愉快，或者说受到挫折的比例要大得多。但是，你必须战胜挫折，才能找到自己发光的场所，然后带着宝物回家。这个宝物就是你所发现的自我潜能。

"用拼图游戏来思考会比较容易。**每一个员工都身处发掘自我的旅途中，旅途的终点，就是他们找到自己的那一块拼图。当每个人找回自己的小拼图，才能在社会上拼凑成公司这幅完整的大拼图。**

"这个观念不仅可以用在公司，也可以说是全人类的功课。

"每个人都处在寻找自我的旅途中，艺术家、运动选手，甚至流浪汉也是如此。

"他们选择自己需要、有价值的道路前进。

"在旅途的终点，他们便带回自己的拼图。

"当所有人都达到这个目标时，每一块拼图连接在一起，就可以迈向新阶段了。"

神崎的声音中，充满了阿拓从未感受过的热情。

"所以，必须有人带头来引导大家找到自己的角色，那就是创业者吗？"

神崎回答："每个人都各自担负着重要的使命啊！"

悬崖勒马，夫妻重修好

过了十二点，饭店的客人变得寥寥无几。服务生过来告诉他们已到最后点餐时间。平常不抽烟的神崎，很难得地点起了雪茄，是蒙特克里斯托4号[①]。他划下雪茄专用的长火柴，随即燃起橘红色的火焰。雪茄特有的甜美香味，随着烟雾一起飘了过来。

"话说回来，神崎兄，你怎么会对管理这么熟悉？"

神崎像是在回忆过去一般。

"这个嘛，你读过《餐巾纸上的创业课》这本书吗？"

阿拓觉得好像听说过这个书名，可是没有读过的印象。

"我想我没有读过。是怎样的书呢？"

"这本书很旧了，初版大概是100年前吧。这本书是一个成功的企业家，在享尽荣华、步入老年之后写的。书的内容，在告诉我们为什么成功了以后人生就会开始扭曲，我们又该怎么解决这种扭曲。这本书给了我很多灵感，就像我教你的那些知识。

"我是六年前才知道这本书的，就是在你创业前不久。我看了这本书之后受到很大的冲击，因为它竟然说明了我的人生，写着我的成功以及招致失败的理由。

"在此之前，我以为自己所经历的困难，都是属于我自身的个案，可是这本书给了我启发。借由会计师的身份之便，我观察许多创业者。结果竟然发现，过去那些经历不止是属于我的个案。

"我曾经说过你和过去的我很像，这是实话。你所遇到的困难，我全部都经历过。我们的模式可以说几乎雷同。**尽管事业和家庭之间有这么密切的关系，但是很多人都只看事业这一面。他们只会吹捧成功的人，只谈论成功者光鲜的那一部分，却绝口不提他们背后不为人知的一面。因为成功，家庭会如何产生扭曲？组织里会出现**

[①] Montecristo-No.4，古巴的雪茄品牌，依尺寸及香味不同共分成 No.1 到 No.5。——译者注

什么样的裂痕？却没有人愿意讨论这些关联性。"神崎的声音在颤抖。

"这些我以前都不知道，包括孩子为了挽回父母的夫妻关系，可能会生病的事。"神崎有气无力地说完这句话，就沉默了下来。他低着头，压抑着自己的情绪。阿拓不明白神崎到底是怎么回事。突然间，神崎的五官仿佛扭曲在了一起，从紧咬的牙关发出哽咽的声音："这本书……如果……如果能早一点……得到这本书……"神崎紧握手中的玻璃杯，几乎要将它捏碎。

"神崎兄，你怎么了？不要紧吧？我叫他们拿水来。"

"我女儿……我女儿……"神崎说着，全身颤抖不已。阿拓从来没看过他这个样子。

"我女儿就不会死了。"神崎吐出了心里最深层的痛。

之后，不知道沉默到底持续了多久，可能只是一瞬间，也可能是一小时。雪茄不再冒烟。阿拓的脑子里一片空白，甚至无法思考。阿拓的眼里也不断地涌出眼泪，不管怎么擦拭，眼泪还是要掉下来。他自己也不知道到底为何哭泣。神崎深不见底的孤独；自己生存在这个世界上，和神崎相遇；这场奇遇是好几代以前就已经注定的命运；这个早就注定的缘分，分秒不差地在这里连结起来的奇迹。这一切的一切在阿拓脑海里盘旋，让心底的感动化成了泪水。

"真不好意思，阿拓，我把气氛弄得这么僵硬。因为，昨天是我女儿的忌日。"

后来阿拓才知道，神崎的女儿七岁时患白血病，不幸病逝。这事就在他和前妻离婚不久后发生的，而他一向最疼爱这个女儿。据熟知当时状况的人透露，那段时间，神崎整个人被打垮，犹如行尸走肉。阿拓与神崎道别的时候，已经过了午夜两点。出租车在家门口停下来，阿拓走下车，抬头看天空，饱满的圆月散发出美丽的光芒。

阿拓想起刚独立不久时，有段时间几乎山穷水尽，当时他也曾看到一样的满月，那时的月光也很美。可是，如今却没有了当日的感动。（是什么不同了呢？）阿拓没再多想，一下子瘫倒在沙发上，马上就睡着了。阿拓竟睡到第二天午后。他隐约想起昨天的事。（《餐巾纸上的创业课》……）他一直想着这本书的书名，好像听说过却又想不起在哪里听到的。（等等！）他想起刚创业时，两坪半的工作室里有个书架。因为上面都是些已经不看的书，搬家时装箱以后，就一直堆在置物间里。他找到放书的纸箱打开，拿出一本本当时为了创业而读的书。《墨菲定律》也是令人怀念的一本书。阿拓拿起一本压在纸箱最底下的书。

"啊，就是这本！"阿拓不禁惊叫一声。《餐巾纸上的创业课》，这是阿拓独立的时候，父亲寄给他的书。他急忙翻开书本。当时觉得与自己无关的一行行文字，现在读起来，每个字都包含着很深远的意义。他看着看着，发现书里夹着一封信。（啊，我想起来了，那时候刚和爸爸吵完架，我根本没看这封信。）阿拓把这封五年前的信打开。一个个用蓝色钢笔工整写下的文字映入眼帘。

阿拓：

　　前几天是爸爸不好，我这坏习惯就是改不了，都多少年了，总是无法好好地跟你说说心里话。

　　我在银行负责融资业务，经常跟那些公司老板往来，这些成功以后生活却一塌糊涂的事我见得多了。如果只欠银行的贷款还好，周转不灵的时候，他们还会找钱庄借钱。我也见过好几个被追讨债务、最后以自杀收场的老板。

　　现在流行创业，这是大势所趋，也是没办法的事。但是如果你只是跟流行，学人家创业，我劝你还是放弃，友纪子和新一都需要你，你必须为他们着想。

　　　　　　　　　　　　　　　　　　　　爸爸

阿拓的双手不停地颤抖。（我到底在搞什么？我根本什么都不了解。）他重复看了好几次父亲的信，像是要把这五年的空白都补回来似的。在了解父亲苦心的同时，他对妻子的误解也烟消云散了。（没必要再打肿脸充胖子了，我逞强，盛气凌人，让我的妻子陷入孤独，而我自己也陷入孤独。）他读着父亲的信，终于发现昨天晚上的月亮到底缺少了什么。月亮缺少的东西，就是问题的答案。

阿拓飞奔出去，他一刻也不能等了。等阿拓定下神来，他已站在友纪子的娘家门口。这时他才发现自己一脸胡茬，披头散发。他赶紧用手拨弄一下头发，然后按下电铃。门打开了。友纪子就站在他面前。那张他好几次尝试回想却又马上从脑海中消失的脸，现在就在他的眼前。

"友纪子。"友纪子第一个反应就是关门。阿拓用他略带颤抖的声音说："友纪子，别关门，我有话跟你说。"

友纪子转过身，不愿意与阿拓面对面。

"公司这几个月的业绩有很大的进展，年收入也超过10亿日元，连本来以为不可能偿还的5 000万日元贷款也还完了。花了五年的时间，我得到超乎想象的成功，我的事业也颇受好评。可是，不管我再怎么成功，都还是少了什么。可以和我分享喜悦、分担悲伤的妻子……你不在我的身边。"阿拓鼓足勇气说出这句话："我需要你，我需要你在我身边，我错了，原谅我。"

友纪子渐渐红了眼眶，眼泪从她脸颊滑落了下来。阿拓抱住友纪子的肩膀，用大拇指擦去她的眼泪。他们分开得太久了，还需要时间了解彼此心里的伤痛。不过，他们的体温也告诉对方，这个伤痛已经开始转向康复了。这时，他们听到新一活泼的声音："妈妈，是谁？"

友纪子擦去满脸的眼泪，用清亮的声音回答他："是爸爸哦。爸爸来接我们了！"

魔法与梦想

当阿拓回过神来,他发现自己正在书店里。这阵子,阿拓的工作并不紧凑,可以和家人共度周末。有空时,他就带孩子去书店。新一和茉莉直接奔向四楼的绘本专区。茉莉拿了一本巫师的书,说想要买这本。

"爸爸,真的有魔法吗?"

"当然有啊,每个人都会魔法哦。"

新一听了不以为然:"爸爸又在骗人了,根本没有魔法这回事。"

茉莉又问:"爸爸,魔法可以让梦想成真吗?"

"可以啊,梦想会成真哦。"

"什么梦想都可以吗?"

"对啊,什么梦想都可以,爸爸没有骗你。"

"你怎么知道呢?"

阿拓蹲下来看着茉莉,回答她:"因为爸爸所有的梦想都已经实现了啊。"

当他看着女儿的眼睛时,才发现自己已经实现了所有的梦想。

迈向成功的道路绝不平坦,一路上有高山,也有低谷。我越过几座高山,从低谷爬上来,才有了一点点领悟。这些在迈向成功的过程中所遭遇的阻碍,不管何时何地,都不是为了打垮你。即使它怎么看都充满着恶意,但真相绝对不是如此。**你可以拥抱心爱的孩子。你可以打心底感谢妻子站在你的身边。你可以遇见和你分享快乐、悲伤的朋友。这一切让你我的人生像宝石一样耀眼夺目。这一切让我们拥有体贴的心和力量。**

这些不是地雷,是天上掉下来的礼物。

后记

　　这个故事，是我根据几个真实案例，也就是创业者在独立以后的五年之间所遇到的一些典型问题，将它们模式化的结果。如果想与读者分享这至少要花上五年才能得到的经验，本来需要写好几本书才能办得到。不过，现在我把这些内容，硬是集结在这一本书里了。

　　一个怀有梦想的人向成功迈出第一步后，会经历各种困难，慢慢地在工作与家庭之间找回平衡点。我认为，以故事的形式才能真正让读者了解这个过程。事业与家庭的成功多半会被分成两个主题来讨论。但是借着与几千家公司经营者来往的经验，我深深感觉到两者之间其实有非常密切的关系，它们就像DNA的螺旋构造那样交织在一起。我认为要解开这种纠缠，使它更容易让人理解，除了用故事的方式来叙述以外，别无他法。

　　为了使读者从这个故事学到更多观念，我建议可以拿实际的事业成长过程，来对照本书的各个章节。以下是大概的顺序：

　　第1章（"万事达"的成长曲线）　向成功踏出第一步。
　　这段时间工作很辛苦，但是家庭很圆满；

第 2 章(事业向左,家庭向右) 顺利地朝着成功前进。这段时间工作顺利,但是家庭开始有了变化。变化会显现在家庭最弱的环节,特别是小孩子身上;

第 3 章(温柔的陷阱) 迈向最终目标的分歧点。这段时期工作虽然顺利,但是会爆发人际关系上的问题。在家庭方面,双方消极地不再期待对方以取得平衡;

第 4 章(成功的背后) 工作与家庭之间的平衡渐渐恢复。工作方面升华到指导他人的程度,家庭方面则从争夺主导权进步为互相扶持。

这个故事将每个成长阶段可能会发生的典型问题,从工作及家庭两方面做出汇整。了解它们之间交错发展的模式,就可以预测成功故事背后的一面。如果你再拿一本忠实描述成功与挫折的成功者传记来对照,就会惊讶地发现它和这个故事里的模式如出一辙。

相信你在读完这本书后,可以找到适合自己的成功者作为榜样。媒体上常见的成功故事,往往呈现出光鲜的一面,看这些故事只能了解成功者的一小部分。这本书的故事,却让你知道成功的背后还有些什么。你可以从这里学到如何预测未来。如此一来,你就能看出社会上那些人人称羡的成功者,他在精神上其实并不快乐。相反,像《男人真命苦》里的阿寅那种怎么看都与社会脱节的人,反而是个英雄人物。

我在这部小说里穿插了构想策略、市场营销、业务推广、管理、员工教育等领域的执行步骤,整个故事都是为了激发读者的潜在意识。相信在读完本书之后,你的经商能力已经在不知不觉中提升了不少。我在这里就不再对各个方法做赘述了,只强调三个重点。

第一，商业形态的发展过程。本书所提到的多国语网站只是我虚构的事业，实际上并不存在。这个事业能否顺利发展，并不是我想传达的重点。我希望借着制作网页这个平易近人的题材，让读者可以融入故事中阿拓建立的独特事业，以及他成为领导者的过程。如果有更多看准创意商机并愿意迈出第一步的人，我想日本就会不断有新的产业诞生。

第二，是第一章所描述的，一个事业从策划到公司成立这段时间可能遇到的两个难题。阿拓在从策划到公司顺利成立为止的这段时间，遇到搜集潜在客户信息的市场营销，以及与潜在客户谈妥契约的业务营销这两个问题。

这是所有的创业者都会面临的困难，许多人因为找不到解决方法，最后只好选择放弃。即使他们距离成功已经只剩几公分，却在紧要关头放弃了一切。我想告诉今后有创业计划的人，对于这两个谁都会遇到的问题，要先做好心理准备，就有信心朝着顺利建立事业这个方向而努力，不会因挫折而太过沮丧。

第三，组织瓦解的种子在事业一帆风顺的时候就已经种下，它会从人际关系开始产生裂痕。这是在第三章、第四章中描述的情节。不过，坦白地说，对于没有经验的读者来说，这或许不太能够引起共鸣。就像没有经历过失恋痛苦的人一样，组织或家庭瓦解时所带来的痛苦，也只是有经验的人才能够体会得到的。人都要尝过苦果，才会发现事情的重要性。

不过，我绝对没有过分强调它的重要性。几乎所有人都是因为没有这项认知，才会被扯住后腿，无法实现目标。所以，即使你现在无法产生共鸣，我还是希望你可以先读一次。日后当你遇到此类问题时，就会觉得"那本书上写的就是这种情形啊"，就可以妥善处理了。

我之所以写这本书，是因为日本整个经济体系都正面临着和本书所描述的问题相同的问题。现在的日本恰好处于本书第三章所描述的阶段。经济面临危机、国家失去权威性的领导者、没有人可以整顿这场混乱。在高度成长期,辍学、茧居、家庭暴力、援助交际、熟年离婚①、忧郁症等家庭问题层出不穷,尽管对社会的这些警报与日俱增,每个人却都把眼睛遮起来,不作任何回应。

这些社会的扭曲,该从哪里开始矫正呢?

只能从我们自己开始。在这个时代,有梦想的人具有相当惊人的影响力,特别是大企业的干部、中小企业的经营者等领导阶层的人,他们可以影响许多人。当经营者怀抱着家庭与事业要和谐才有幸福的梦想时,这个梦想会遍及领导者的家人、部下,甚至是部下的家人。我相信本书的读者若能将这个重要性传达出去的话,这个梦想在几年之内就可以实现。

最后,写完了这本书,我才发现一件理所当然的事:一个走向成功的人,背后总有许多人为他牺牲奉献。首先,我要感谢一路和我一起走过来的每位客户,感谢他们让我分享他们的成功与辛酸,如果没有这些经验,我也不可能写出这本书。

在汇整本书内容的时候,横滨国立大学保健管理中心(临床心理学)的堀之内高久助理教授,给了我许多宝贵的建议。书中有关管理团队的心理学架构,是我与助理教授几次讨论之后所得到的结果。尤其是关于客服的操作,完全直接引用自助理教授提供的内容。如果没有堀之内助理教授取之不尽的知识与经验,凭我一己之力,绝对无法将事业与家庭之间的密切关系作出总结。

---

①共度十几、二十年的老夫老妻长久积累下来的不满,因一个关键点爆发而结束了长时间的婚姻生活。——译者注

我还要感谢艺术与科学研究所的冈田勋先生，他给了我有关故事深度的建议。还有讲谈社的编辑筱木和久先生，这是我第一次写小说，感谢他给我这个宝贵的机会。因为有了他们的协助，这部小说才得以面世。我更要感谢在事业成长的过程中，与我一起分担烦恼的几位友人。他们在我误入歧途的时候，引导我走回正道，我才能安然渡过难关。虽然我想对他们一一表示感谢，但在此仅列举三位表达我的心意：首先是帮我脱离离婚危机的桥本奈绪美小姐，还有在家庭摇摇欲坠时，加入家族的新成员小政和优子，感谢你们！

在充满变化的五年当中，一起经历心酸的同仁后藤肇子小姐、山口理惠子小姐，还有支持我的各位同仁，真的很感谢你们！接下来真的是最后了……

虽然这是个完全虚构的故事，但是我想读者应该会把青岛拓想成我，将友纪子想成我的妻子。为了情节需要，我对于友纪子的描写有些过火。我的妻子亲身经历过非常辛苦的时期，我想她一定很心痛自己被描写成那样，但她还是默默地支持我，以笑脸表示同意将这个故事写下来。我要向她致以崇高的敬意，以及言语无法形容的感谢之意！

日经 BP 网记者与神田昌典对话实录

记者 神田先生，你作为一个市场研究人员、经营咨询师，鼎鼎有名，而这本书却不是一本经济书而是一本小说。我觉得你的粉丝们也会感到吃惊的。

神田 那是因为打算写这本书时，有一个意外的"发现"。

记者 是吗？是什么样的"发现"呢？

神田 实际上我以前就对神话和故事很感兴趣。世上有无数部的电影、电视剧，但是剧本的展开式样却只有少数的几种。做了这么久的管理咨询，我发现其实企业经营也有同样的问题，所以我才决定要写小说的。

记者 虽然内容是以商业为主题，但是形式却是小说的形式，这应该是你第一次的尝试吧。那在写的过程中你有什么样的感受呢？

神田 我发现小说家们真是很了不起！写小说比写商业书花费的精力要多十倍。因为如果是普通的商业书，我只需要直白地陈述给读者，但是写小说的话，必须设定几个登场人物，并让他们动起来。
……

记者 这本小说所写的不是抽象的理论，内容大部分都是神田先生你自身的经验和发现，因此比较有深度。那么我想问的是，书中的故事和登场人物是否有模型。虽然这个问题已经是老生常谈了。

神田 有很多模型。每年我接到的企业家的咨询达2 000多次，不是吗？而咨询的内容也不仅仅是关于怎样提高营业额之类的问题，还涉及经营者自身的健康啊、家庭之类的问题。这令我很吃惊！跟我遭遇同样问题的经营者居然那么多！……这本书就是从这个问题开始的……也是在我的故事的基础上写成的。只是删掉了那些不普遍的东西，把我同几万人的谈话中得出的普遍共通点抽出来，写成了故事。

记者 这本书的特点是，内容不仅涉及事业，也大篇幅地讲到了家庭。我觉得像这样的切入点之前很少有。

神田 确实，人们一般都会把事业和家庭分开来看，事业就是事业，家庭就是家庭。但是这两者真的是相互独立的吗？其实不然，当你的事业发生了问题的时候，可以预想得到你的家庭因此也会发生相应的问题。这不是猜测，而是通过事例收集了确凿证据证明的。

记者 实际上，这本书里也提到了各种各样的家庭问题，就是神田先生你所说的成功者的"黑暗面"。

神田 被称做"创业家"的成功者们，大体上都经历过某种形式上的家庭危机，因此大多数情况下，事业上的危机和家庭的危机都是联系在一起的，只是在性质上很难被分开而已。

记者 事业与家庭的关系大体上能概括为三四种模式，是这样的吗？

神田 对。正确地来说，应该是企业容易陷入的困境是有固定模式的。而且不可思议的是，在那种时候，事业与家庭是不能分开来看的，两者的关系反而异常紧密。举例来说，当我的某个客户来找我咨询时，他所说的问题是："我孩子生病了，我该怎么办呢？"按照一般人的想法，肯定是会给他介绍几个专业医生或研究人员。但是，我却问了他这样一个问题："你有情人吧？""而且你跟你爱人之间的关系进展得也不顺利吧？"其实这才是问题的要害。

记者 客户来找你咨询孩子生病了怎么办，你却反问他这种问题……他肯定很吃惊吧。

神田 我是从商业和经营的立场出发，最后才探讨关于家庭、健康之类的问题的。当工作进展顺利时，首先，与家里人的关系就开始僵硬。然后，妻子感到很大的压力。于是，在一旁看着这一幕幕发生的孩子开始生病。这就是事业处于上升期的经营者们的显著的共通点，这是一种共通的模式。孩子就是这样用自己生病的问题，无意识地起着挽回夫妻关系的润滑剂的作用。这从心理学上来说是很自然的事。不仅仅是生病的问题，还有逃学、自闭等问题也是那样的。

记者 原来如此啊。这本书里还提出了几种"不引人注意的模式"。比如说，创业者、执行者、管理者、协调者的角色分担。

我觉得这一观点很新鲜，运用在自己身上也觉得很有道理。

神田 我想说的是人际关系重在保持平衡。光愈亮影就愈浓，过于积极的行动会导致某些消极的影响。冒险创业的人大多很积极，而过于激进的行动却会导致组织发生裂痕。风投企业里有人容易得抑郁症，正是这个缘故。演讲会上，我经常以"桃太郎"的故事为例来进行说明。桃太郎喊着"我要打退妖怪"的口号，举着这样的旗帜，就好比是个创业者。在路上跑来跟他要玉米团子的那条狗专业性很强，就好比执行者。猴子是智慧的象征，就好比管理者。野山鸡则是协调整个团队的协调者的角色。创业者一开始就使出了很多的力气，不是吗？

记者 确实如此。

神田 比如说比尔·盖茨最初是桃太郎。但是，当他将其有趣的地方或者说是了不起的才能发展到一定程度，就变成了桃太郎传说中的狗（执行者）。之后就是猴子（管理者）。接下来就是野山鸡（协调者）。他的角色是随着组织的成长而不断变化的。如果谁能做到这一点就称得上是天才了。但是，很少有人能将这四种品格集于一身。因此，创业者们往往要把不同的角色分摊给不同的人。虽然把角色分摊出去了，但是创业者们在公司的那种"唯我独尊"的意识太强，以至于即使在成长也没法像以前那样发挥自己的能力了。这才是所谓的"年营业额难以突破10亿日元的瓶颈"这一现象形成的主要原因。

记者 一般人都不知道这四种分类吧，还有你所说的"场"和平衡之类的思想。

神田 通常人们会误以为感情和行动是自己决定的东西，是独属于自己的。但是事实并非如此，它们都存在于"场"的引力之中。比如说，如果公司里有人得了抑郁症，不仅仅是本人的原因。即使那个人因此辞掉了工作，也许还会有其他人也得相同的病。这种现象是与某个共同体的内部构造有关的。也就是说，如果有感受性很强的人存在的话，那就是在给他所处的那个"场"与社会发出警告的信号。

记者 那就是说抑郁症也是"场"的病，对吗？

神田 经营者看到能力低的人时就会想："为什么这个人没有能力呢？"但是我想说的是，应该这样来考虑问题："为什么这个人不能发挥他的能力呢？"能力发挥不出来的人自己是不知道为什么发挥不出能力的。这么一来，敏感的人的存在就是在向公司发出信号，暗示公司里有"黑暗"的一面。在职场中如果不能活用这种心理学理论，那么领导力就难以发挥出来。

……

记者 一般人不了解的还有书中所说的"成长曲线"。很少会有人按照这种轴来考虑商业的问题。比如说从桃太郎到狗的阶段变化，很多人根本就没有考虑过。

神田 对于公司的成长来说最重要的是战略，特别是进入市场的时机。必须是在业界整体正处于成长阶段的时机进入市场，创业才可能成功。但是，怎样才能看清市场呢？这就必须懂得业界整体的生命周期和成长曲线。

记者 就是你所说的"导入期→成长前期→成长后期→成熟期"的循环吧？

神田 不仅仅是进入市场的时机的问题，还有根据时期的不同，管理方法和用人方法也有不同的问题。

……

记者 在故事的开头，主人公阿拓突然就被调任。如此说来，这本书不仅仅是写给独立创业的人来看的，同时也是写给普通的公司职员以及他们的家人来看的。

神田 对。我觉得任何阶段都有其存在的意义。被调任的时期里应该有这一时期应该学的东西。当家庭出现问题的时候，也有因此应该学习的东西。随着年龄的增长，就越发能实际领悟这些道理了。还有，你会懂得那些正在朝着成功而努力的人，其实都是被很多人支撑着走向成功的，有人在为他们做出牺牲和贡献。

记者 那么，最后有什么想对读者们说的吗？

神田 现在打算创业的年轻人增多了，他们考虑的事情就是马上赚钱。但是试问，周围的上班族所做的事情，你们都会哪些呢？如果想马上能赚到钱的话，请稍等，钱的问题，可以过了三十岁再考虑。我最想对大家说的话就是："请把年轻的时候该吃的苦都吃尽了，然后再考虑创业的问题。"

一名工薪族十年内成为亿万富翁的致富自白

《富爸爸，穷爸爸》作者罗伯特·清崎鼎力推荐
备受欧美工薪族推崇的致富经典
理财盲也看得懂的理财书

约翰·洛克菲勒、比尔·盖茨、沃伦·巴菲特、唐纳德·特朗普……
为什么他们可以成为亿万富翁？
亿万富翁和一般人有什么区别？

斯科特·安德森用理论和实践证明：他们能成为亿万富翁是因为他们想的和你不一样！

想要像斯科特·安德森一样在十年之内从一个"穷忙族"变成一名亿万富翁？你只需"窃取"亿万富翁们的想法和思路就行。斯科特全面总结了以下七个"富翁思路"——金钱、投资、工作、风险、问题、知识、时间。

很棒的一本书！斯科特·安德森在书中的剖析可谓一针见血。如果你想成为有钱人或者想变得更加富有，请阅读这本难得一见的好书吧！

——罗伯特·清崎

〔美〕斯科特·安德森 著
刘祥亚 译
重庆出版社
定　价：26.80元

揭秘美国FBI培训间谍的识谎技巧

如果无法阻止别人说谎
那就学会永远不上当

破谎宝典，还你天下无谎的世界。

这是一个充满谎言的世界。你要做的就是在5分钟内识破一切谎言！

在这本破谎宝典中，著名心理学家大卫·李柏曼教给你简单、快速的破谎技巧，使你能从日常闲聊到深度访谈等各种情境中，轻松地发现真相。

书中援引了几乎所有情境下的破谎实例，教你如何通过肢体语言、语言陈述、情绪状态和心理征兆等微妙的线索，嗅出谎言的气息，避开欺骗的陷阱，还自己一个"天下无谎"的世界！

〔美〕大卫·李柏曼 著
项慧龄 译
重庆出版社
定　价：26.80元

能让产品"卖出去"和"卖上价"的销售秘笈

克林顿首席谈判顾问、《优势谈判》作者
特别奉献给销售和采购人员的谈判圣经

★ 面对"只逛不买"的顾客,如何激发他的购买欲?
★ 面对迟疑不决的买主,如何促使他迅速作出决定?
★ 面对死砍价格的对手,如何巧妙应对?
★ 面对百般刁难的供应商和渠道商,又该如何招架?

翻开这本国际谈判大师罗杰·道森的经典之作,你很快就会知晓答案。在书中,罗杰·道森针对销售谈判中涉及的各种问题,提出了 24 种绝对成交策略、6 种识破对方谈判诈术的技巧、3 步骤摆平愤怒买家的方法、2 种判断客户性格的标准等一系列被证实相当有效的实用性建议。

〔美〕罗杰·道森 著
刘祥亚 译
重庆出版社
定　价:38.00元

全球销量超过 1 000 万册
美国前总统克林顿、《福布斯》鼎力推荐

《优势谈判》被列入普林斯顿、耶鲁等名校指定阅读书目

丰富而经典的谈判大师手记
真实而有影响力的案例剖析

王牌谈判大师罗杰·道森通过独创的优势谈判技巧,教会你如何在谈判桌前取胜,更教会你如何在谈判结束后让对手感觉到是他赢得了这场谈判,而不是他吃亏了。

无论你的谈判对手是房地产经纪人、汽车销售商、保险经验人,还是家人、朋友、生意伙伴、上司,你都能通过优势谈判技巧成功地赢得谈判,并且赢得他们的好感。

国际上最权威的商业谈判课程

连续数周雄踞《纽约时报》畅销书排行榜榜首
全球仅有的 28 名获颁 CSP&CPAE 认证的专业人员之一

〔美〕罗杰·道森 著
刘祥亚 译
重庆出版社
定　价:38.00元

MBM® 模式如何打造全球最大的私人企业

全球最大的私人企业董事长 CEO 现身说法，传授实战经验！

本书主要讲解科赫工业公司各管理层和员工运用基于市场的管理模式（Management Based Market，MBM）取得成功的经验。书中深邃的思想和经典的案例无处不在，可以说是一部经典的企业管理类著作。

MBM 模式的 5 个原则：

★ 企业愿景 (Vision)
★ 德才兼重 (Virtue and Talents)
★ 知识加工 (Knowledge Processes)
★ 决策分权 (Decision Rights)
★ 激励机制 (Incentives)

人类行为的科学在企业中的精彩实践！

〔美〕查尔斯·科克 著
刘志新 译
李波 审校

重庆出版社
定 价：48.00 元

学习维京人的智慧　用创意横扫全球

著名经济学家梁小民教授 2000 字专文推荐

向海盗学商道

大海里本没有路，维京人一来，就有了路。本书将告诉你，曾经拿敌人的头颅来开疆辟地的维京人今天是如何凭着点子和创意征服全球。

瑞典、丹麦、冰岛、挪威、芬兰北欧 5 国没有得天独厚的自然条件，占世界人口不到 3‰（相当于中国上海的人口总数），出口产品却占全球总出口的 3%，并打下了一个又一个响当当的国际经典品牌，从诺基亚、爱立信、沃尔沃、萨博、宜家、伊莱克斯，到绝对伏特加、乐美福、乐高和 H & M 等。

维京人的字典里没有平凡和畏惧，只有奇袭的招数、惊人的勇气和数不尽的创意。走维京人的路，让别人无路可走——本书想教给你的就是这种本事。

〔美〕史蒂夫·斯特里德
〔瑞典〕克拉斯·安迪森 著
乐为良 译

重庆出版社
定 价：28.00 元

彼得·德鲁克带领 6 位大师
与你探索打造卓越组织的 5 大力量

企管大师	吉姆·柯林斯	领导力大师	吉姆·库泽斯
营销大师	菲利普·科特勒	洛克菲勒基金会总裁	朱迪思·罗丁
市场大师	V.卡斯特利·兰根	德鲁克基金会主席	弗朗西斯·赫塞尔本

与组织存亡攸头的 5 个问题

管理学之父彼得·德鲁克在 15 年前就高瞻远瞩地提出企业和管理者必须正视的 5 个最重要的问题：

Q1：我们的使命是什么？
Q2：我们的顾客是谁？
Q3：我们的顾客重视什么？
Q4：我们追求的成果是什么？
Q5：我们的计划是什么？

优秀的领导者能提供答案，
但伟大的领导者会问正确的问题！

重庆出版社
定　价：29.80 元

获得联合利华、百事可乐、苹果三星、惠普、索尼、保时捷等顶尖名企广告合约的"陈述圣经"

用简单实用的陈述获得赞同和成功
以生动简洁的推介赢得订单和商机

你是否遇到过以下情形：

◆ 全情投入阐述观点，听众却不知所云；
◆ 设计出绝佳创意方案，客户却无动于衷；
◆ 竭力推销最新产品，顾户却毫不买账；
◆ 台上讲得天花乱坠，台下听众昏昏欲睡。

如确有其事，请把本书送给自己或他人，相信一定会出现意想不到的结果。

〔英〕乔恩·斯蒂尔 著
田丽霞　韩丹　译
重庆出版社
定　价：28.00 元

全球广告巨头奥美环球 CEO　　**北美最大的独立媒体服务公司克拉美国 CEO**
全球第二大消费用品制造商联合利华市场营销总监　　**美国著名创意公司马丁广告总裁**

| 联袂推荐

短信查询正版图书及中奖办法

A．电话查询
    1．揭开防伪标签获取密码，用手机或座机拨打4006608315；
    2．听到语音提示后，输入标识物上的20位密码；
    3．语言提示：您所购买的产品是中资海派商务管理（深圳）有限公司出品的正版图书。

B．手机短信查询方法（移动收费0.2元/次，联通收费0.3元/次）
    1．揭开防伪标签，露出标签下20位密码，输入标识物上的20位密码，确认发送；
    2．发送至958879(8)08，得到版权信息。

C．互联网查询方法
    1．揭开防伪标签，露出标签下20位密码；
    2．登录www.Nb315.com；
    3．进入"查询服务""防伪标查询"；
    4．输入20位密码，得到版权信息。

中奖者请将20位密码以及中奖人姓名、身份证号码、电话、收件人地址和邮编E-mail至my007@126.com，或传真至0755-25970309。

一等奖：168.00元人民币(现金)；
二等奖：图书一册；
三等奖：本公司图书6折优惠邮购资格。
再次谢谢您惠顾本公司产品。本活动解释权归本公司所有。

读者服务信箱

感谢的话

谢谢您购买本书！顺便提醒您如何使用ihappy书系：
- ◆ 全书先看一遍，对全书的内容留下概念。
- ◆ 再看第二遍，用寻宝的方式，选择您关心的章节仔细地阅读，将"法宝"谨记于心。
- ◆ 将书中的方法与您现有的工作、生活作比较，再融合您的经验，理出您最适用的方法。
- ◆ 新方法的导入使用要有决心，事前做好计划及准备。
- ◆ 经常查阅本书，并与您的生活、工作相结合，自然有机会成为一个"成功者"。

优惠订购	订阅人		部门		单位名称	
	地址					
	电话				传真	
	电子邮箱			公司网址		邮编
	订购书目					
	付款方式	邮局汇款	中资海派商务管理（深圳）有限公司 中国深圳银湖路中国脑库A栋四楼　　邮编：518029			
		银行电汇或转账	户　名：中资海派商务管理（深圳）有限公司 开户行：招行深圳科苑支行 账　号：81 5781 4257 1000 1 交行太平洋卡户名：桂林　　卡号：6014 2836 3110 4770 8			
	附注	1. 请将订阅单连同汇款单影印件传真或邮寄，以凭办理。 2. 订阅单请用正楷填写清楚，以便以最快方式送达。 3. 咨询热线：0755-25970306转158、168　　传　真：0755-25970309 E-mail: my007@126.com				

→ 利用本订购单订购一律享受9折特价优惠。
→ 团购30本以上8.5折优惠。